W0054171

Rolf Scheffbuch
Große Entdecker und schwäbische Apostel
Von Korntal bis ans Ende der Welt

Rolf Scheffbuch

Große Entdecker und schwäbische Apostel

Von Korntal bis ans Ende der Welt

SCM Hänssler

SCM

Stiftung Christliche Medien

Bestell-Nr. 395.167
ISBN 978-3-7751-5167-2

© Copyright der deutschen Ausgabe 2010 by
SCM Hänssler im SCM-Verlag GmbH & Co. KG · 71088 Holzgerlingen
Internet: www.scm-haenssler.de
E-Mail: info@scm-haenssler.de
Umschlaggestaltung: krausswerbeagentur.de, Herrenberg
Titelbild: istockphoto.com
Satz: typoscript GmbH, Kirchentellinsfurt
Druck und Bindung: CPI – Ebner & Spiegel, Ulm
Printed in Germany

Soweit nicht anders angegeben, sind die Bibelverse folgender Ausgabe
entnommen:
Lutherbibel, revidierter Text 1984, durchgesehene Ausgabe in neuer
Rechtschreibung, © 1999 Deutsche Bibelgesellschaft, Stuttgart.

Weiter wurden verwendet:
Neues Leben. Die Bibel, © Copyright der deutschen Ausgabe 2002 und 2006
by SCM Hänssler, D-71087 Holzgerlingen (NL).

Der englische Wortlaut von Ps 111,6 (S. 82), ist folgender Übersetzung
entnommen:
Holy Bible. New International Translation. Copyright © 1973, 1978, 1984 by
International Bible Society. Mit freundlicher Genehmigung von Hodder &
Stoughton Ltd / Hodder Headline Plc Group.

Inhalt

Vorwort

Viele Impulse gingen von der 1819 gegründeten »privilegierten« bürgerlichen und religiösen Gemeinde Korntal aus. Korntal wurde so etwas wie ein in aller Stille wirkendes Ferment, das aber entscheidende Veränderungen auslöste. Der gelebte Christen-Glaube von Korntal arbeitete wie ein Sauerteig. Er durchsäuerte weit hinaus das umgebende Land und seine Evangelische Kirche.

Von allen Anfängen war Korntal aber auch »anziehend«. Die vorliegenden Berichte erzählen von Pioniergestalten der Weltmission. Für sie war Korntal so anziehend, dass es ihnen zur zweiten Heimat wurde. Oder dass sie den Wunsch hatten, in Korntaler Erde bestattet zu werden.

Auch christliche Aktionen und Werke ließen sich nach Korntal ziehen. Zu ihnen gehört die Ludwig-Hofacker-Vereinigung (Evangelische Arbeitsgemeinschaft für Bibel und Bekenntnis in Württemberg). Andere Werke sind die »Akademie für Weltmission«, die »Arbeitsgemeinschaft Evangelikaler Missionen«, der Missionsbund »Licht im Osten« und der »Deutsche Christliche Technikerbund«. Die Deutsche Missionsgemeinschaft wurde in Korntal gegründet.

Korntal hatte von seiner Gründung an einen weltweiten Horizont. Aus diesem im Umfeld von Stuttgart gelegenen Ort grüßt diese Schrift alle Leser. Sie sollen wissen, dass auch sie in Korntal willkommen sind. Den Archiven der Evangelischen Brüdergemeinde Korntal und von Mission 21 in Basel wie auch Herrn Rainer Trunk, Korntal, wird ebenso wie manchen Nachfahren der geschilderten Personen für alle Unterstützung gedankt.

Rolf Scheffbuch (auch einer, der sich nach Korntal ziehen ließ)
Januar 2010

Carl Köllner (1790–1853)

Ein Freund Israels

Zur Herrlichkeit

Der Märzabend in der Karwoche des Jahres 1853 war außergewöhnlich mild. Carl Köllner, der 63-jährige Vorsteher der Korntaler und Wilhelmsdorfer Rettungshäuser und zugleich Verwalter des Korntaler Gemeindegasthauses, machte sich zu einem kleinen Spaziergang auf. Über die vom Schloss Solitude ausgehende schnurgerade Allee hinaus ging er in Richtung der heutigen Neuwirtshaus-Siedlung. Dann blieb er lange stehen. Er schaute über die weiten Felder. Schließlich blickte er still zum hellen Abendhimmel auf. Es sah so aus, als wollte er über den ihm zur Heimat gewordenen Ort Korntal Gottes Segen herunterbeten. Einen Korntaler Jungen grüßte er freundlich und so ungewöhnlich aufmerksam, dass der immer wieder zurückschaute zu dem einsamen Spaziergänger, um den ein so großer Friede war.

Eine halbe Stunde später kam ein Korntaler Bürger an die Stelle. Sie ist heute markiert durch einen Gedenkstein, den »Köllner-Stein«. Dort hatte sich Carl Köllner an einen Obstbaum gelehnt. Unter heftigem Husten rief er immer wieder: »Ach, lieber Heiland! Lieber Heiland!« Und dann: »Wie gut, Herr Höllwart, dass Sie kommen! Helfen Sie mir bitte! Wenn ich doch bloß bei meinen Lieben wäre!« Der Helfer hielt den Wankenden umarmt, der langsam auf seine Knie sank.

Die Dämmerung brach immer stärker herein. Herr Höllwart wollte zu den ersten Häusern Korntals eilen, um eine Kutsche zu besorgen. Aber Carl Köllner hatte sich in seiner Todesnot an ihm richtig festgekrallt. Da kam unverhofft jener Junge noch einmal zurück. Es war, als wenn er ein Gespür gehabt hätte, dass er diesen Mann nicht aus den Augen lassen durfte. Der Bursche wurde beauftragt, ganz rasch ein Gefährt zu besorgen. Kaum war er weggerannt, kam auf der Straße ein Bauerngefährt daher. Die Aussicht, rasch heimgefahren werden zu können, belebte Köllner. Er half selbst dabei mit, auf dem Wagen einiges auf die Seite zu räumen, um einen Sitzplatz zu schaffen. Dann stieg er in gewohnter rascher Art ohne Unterstützung auf den Wagen. »Nun, nur schnell nach Hause!« Zweimal sagte er das dringlich. Aber noch bevor der Landwirt die

Zügel zum Weiterfahren ergriffen hatte, war Carl Köllner in sich zusammengesunken. Nach ein paar tiefen Atemzügen hatte er sein Leben ausgehaucht.

In der Brieftasche, die er immer bei sich trug, fanden sich neben Geschäftsnotizen für seine Aufgaben in den Kinderheimen und im Gemeindegasthaus auch einige Zettel mit Liedstrophen und mit aufgezeichneten Gedanken. Auf einem dieser Papierstreifen stand: »Nur den Mut nicht verloren! Fortgemacht im Glauben, Beten, Arbeiten! Durch Beugen und Leiden geht's zur Herrlichkeit!«

Nur den Mut nicht verloren!

Carl Köllner hätte viel Anlass dazu gehabt, den Mut zu verlieren. Das Elternhaus im Nassauischen war in jenen Koalitionskriegszeiten mehrfach ausgeplündert worden. Der Vater hatte auf armen Pfarrstellen kaum ein Auskommen, das die Familie ernähren konnte. Der ältere Bruder war auf dem Heimweg zu den Eltern ermordet worden. Carl Köllner konnte sich keine Hoffnungen auf ein Studium machen. Er musste froh sein, dass er in Frankfurt eine Ausbildung als Kaufmannsgehilfe machen konnte. Blutjung war er auf diese Weise in die Stadt der ehemaligen Kaiserkrönungen gekommen, die als Knotenpunkt von 26 Verkehrsstraßen zu einem Mittelpunkt europäischen Handels geworden war. Sie erhielt wegen ihrer gut besuchten Handelsmessen bald den Beinamen »Inbegriff der Welt«. Gaukler, Schausteller, Künstler, Musikanten aus aller Welt prägten das Bild der Stadt wie auch anderes, was eben seit jeher zum Strandgut solchen Treibens gehört.

Für dies alles hatte der junge Carl keine Zeit; er war in dem kleinen Lehrbetrieb bis in die tiefen Nachtstunden hinein eingespannt. Er hatte auch kein Auge für das alles; denn der schmerzliche Tod seines Bruders hatte ihn ernst, ja geradezu einsilbig gemacht. Seiner verwundeten Seele tat es gut, dass er in Nachtstunden auf der Orgel der Nikolaikirche spielen durfte. Dabei wurde er vertraut mit dem jungen und entschiedenen Pfarrer Stein dieser Kirchgemeinde.

Jäh brach jedoch all das ab, als der 21-jährige Kaufmannsgehilfe von einem schweren Nervenfieber befallen wurde. Er, der so gerne in der Gemeinde von Pfarrer Stein Kranke und Bedürftige besucht hatte, war nun als Schwerkranker auf die Hilfe anderer Menschen angewiesen.

Als endlich die Genesung langsam fortschritt, schien die berufliche Zukunft total verbaut zu sein. Die Stelle in Frankfurt war längst durch einen anderen Kaufmannsgehilfen besetzt. Carl hörte Nachrichten von England, dass man dort zum Missionar ausgebildet werden könne. Das war damals etwas ganz Neues! Das hätte Carl Köllner gereizt, nachdem er in der Frankfurter Zeit zu einem überzeugten Christus-Nachfolger geworden war. Aber er musste sich diesen Gedanken rasch wieder aus dem Kopf schlagen. Wie sollte er denn nach England kommen? Der Vater hatte kein Geld dafür. Doch selbst wenn er es gehabt hätte, dann hätte die alles blockierende Kontinentalsperre Napoleons jedes Durchkommen nach England unmöglich gemacht. Carl musste ja schon froh sein, dass er als Untauglicher nicht unter Napoleons Fahnen gegen Russland ziehen musste.

Endlich öffnete sich eine Tür. Völlig unerwartet, ja eigentlich unerklärlich kam an Carl Köllner ein Ruf des Weinhändlers Keerl. Der lebte gesundheitlich angeschlagen in Segnitz, am Mainknie südöstlich von Würzburg gelegen. Köllner sagte zu. Er wurde mit großer Herzlichkeit in die Familie Keerl aufgenommen. Sie war in katholischer Umwelt so etwas wie ein Stützpunkt entschiedener Christen aus dem ganzen fränkischen Raum. In dem Haus des frommen Weinkaufmanns war der alte Nürnberger Pfarrer Johann Gottfried Schöner aus- und eingegangen, der Verfasser des damals zum protestantischen Leib- und Magenchoral werdenden Liedes »Himmelan, nur himmelan soll der Wandel geh'n«. Bei Keerls war auch der Nürnberger Kaufmann Tobias Kießling wie zu Hause, der erfindungsreiche »Bibelschmuggler« hinein in den südosteuropäischen katholischen Raum. Tobias Kießling war aber auch der erste evangelische Christ, der ohne Berührungsängste, ohne antikatholischen Komplex begriff, wie viel echt »Evangelisches« bei den Priestern der sog. »Allgäuer Erweckungsbewegung« (Sailer, Boos, Goßner, Feneberg, Lindl) zu finden war. Bei all diesen Gotteszeugen war wahr geworden, was Schöner dichtete:

Himmelan wallt neben dir
alles Volk des Herrn,
trägt im Himmelsvorschmack hier
seine Lasten gern.
O schließ dich an!

Gerne schloss sich Köllner diesem geistlichen Leben kleiner Gemeinschaften im Frankenland an. Bald wurde er selbst zu einer tragenden Säule der in Nürnberg beheimateten Unterabteilung der damals gegründeten »Christentumsgesellschaft«. Sie verband in Deutschland und in benachbarten Gebieten solche Menschen, die am überkommenen Bibelglauben festhalten wollten. Eine seiner wesentlichen Aufgaben sah Carl Köllner darin, die Bibelverbreitung gerade in den katholischen Gebieten Bayerns und Österreichs zu fördern.

Für den Hausvater Keerl galt jedoch früher als befürchtet:

Himmelan hat er dein Ziel
selbst hinauf gestellt.
Sorg' nicht mutlos, nicht zu viel
um den Tand der Welt.
Flieh diesen Sinn!
Nur was du dem Himmel lebst,
dir von Schätzen dort erstrebst,
das ist Gewinn.

Halleluja singst auch du,
wenn du Jesus siehst,
unter Jubel ein zur Ruh
in den Himmel ziehst.

Nach dem frühen Sterben des Hausvaters Keerl führte Carl Köllner das umfangreiche Weingeschäft für die Witwe und ihre fünf noch kleinen Kinder weiter. Über den gemeinsamen Aufgaben im Betrieb und im Haus, über dem Beherbergen von Christengeschwistern aus dem weiten Frankenland und über gemeinsam getragenem Leid beim Tod vertrauter Freunde wuchs trotz des Altersunterschiedes zwischen der Witwe Keerl und dem jungen Carl Köllner ein tragfähiges Vertrauen. Im Juli 1814 verheiratete sich Carl Köllner mit Maria Amalie Johanna, verwitwete Keerl, geborene Schumann, und gründete so seinen Hausstand in Segnitz. Die drei älteren Kinder wurden zur Erziehung in die Herrnhut'schen Schulen von Neuwied gegeben. Zur Begleitung der beiden jüngsten Keerl-Söhne Fritz und August bot sich aus der weiteren Verwandtschaft der begabte Stuttgarter Gymnasiast Christian Gottlob Barth an.

In seiner jugendlich-beschwingten, ja fast schwärmerischen Sprache schilderte Barth die Fülle der Segnitzer Eindrücke: zuerst die unvorstellbar liebliche, von Bergen umkränzte Landschaft am Mainknie mit der Fähre zwischen Marktbreit und dem Dörflein Segnitz. Aber dann vor allem auch die Begegnung mit Frauen und Männern, die als ernstlich lebende Christen im gastlichen Haus Keerl einkehrten. An einem nebligen Morgen dichtete Christian Gottlob Barth, als die Sonne durch die Nebel brach: »Blick auf, mein Geist! Ich schwöre hier, mein Leben und die Kräfte Gott zu weih'n! Und du, Allvater, der sie mir gegeben, erhalte meine Seele rein!« Der liebevolle Gastgeber Carl Köllner erspürte, dass der religiöse Schwärmer Barth treue und nüchterne geistliche Begleitung brauchte. Darum begleitete Köllner brieflich und mit fürbittendem Anteilnehmen den jungen Feuergeist durch die Klippen der Gymnasial- und Studienzeit, bis dann Gott aus ihm den württembergischen Missions- und Diakoniepionier in Möttlingen und in Calw machte, den geistig ebenbürtigen Freund des württembergischen Erweckungspredigers Ludwig Hofacker.

Carl Köllner hielt also den Kontakt mit dem neun Jahre jüngeren Christian Gottlob Barth. Dabei wurde bei beiden eine starke Liebe zu Gottes erwähltem Volk Israel geweckt. Barth stürzte sich gleich zu

Beginn seines Theologiestudiums in Tübingen auf rabbinische Texte. Köllner erfuhr zur selben Zeit von dem in Basel erwachten Interesse, den Glauben an Christus unter Juden zu fördern. Das rührte in ihm eine Saite an, die bis zu seinem Sterben nie mehr verstummte. Noch als alter Mann schrieb er unter eine Lithografie von ihm: »Ich grüße alle, die Jerusalem Glück wünschen«.

»Wünscht Jerusalem Glück!«

Israel sollte mit Gottes Erlöser und Messias Jesus bekannt gemacht werden. Das war zuerst Christen in Schottland und bald danach in England als Verpflichtung bewusst geworden. Von England aus schwappte zusammen mit den Impulsen zur Weltmission und zur Bibelverbreitung auch der Gedanke des Evangeliumsdienstes unter Juden ins übrige Europa herüber, zuerst nach Basel. Gleich im Gründungsjahr der Basler Mission (1812) richtete das Gründergenie Christian Friedrich Spittler in seinem eigenen Wohnhaus »Fälkli« einige Zimmer für eine geplante »Judenanstalt« ein. Vermutlich kam sie jedoch wegen mancherlei Schwierigkeiten nie recht ins Laufen. Aber die englischen Freunde der Missionsarbeit ließen nicht locker. Sie erbaten Absolventen der Basler Mission für die Arbeit unter Juden im russischen Schwarzmeerraum und auch in Galizien. So war etwa der spätere Korntaler Institutsvorsteher Johannes Kullen für solch eine Aufgabe angefragt worden. 1820 schließlich kam es in Basel zur Gründung eines Vereines »zur Förderung des Christentums unter den Juden«. Neben Spittler gehörte zu den wenigen Vereinsgründern auch der Vater von Carl Köllner. Wilhelm Köllner war als verwitweter Pfarrer, zudem noch schwer hörbehindert, vorzeitig in den Ruhestand gegangen und nach Basel gezogen. Er wollte dabei sein, wenn in Gottes Reich Neues aufbrach.

Dort in Basel war der gewaltige Aufbruch hin zu Weltmission und zu Diakonie, zu Bibelverbreitung und zu volksmissionarischer Durchdringung der »toten Christenheit« (Ch. G. Barth) am stärksten und darum auch so beeindruckend. Bald gehörte der liebenswerte, immer schwarz gekleidete Patriarch mit seinem auffallenden großen Hörrohr zum »Stamm« aller Basler Christenzusammenkünfte. Mit seinen anschaulichen Berichten vom geistlichen Aufbruch in Basel weckte der Vater auch im Sohn Carl Köllner den Wunsch, in dies ganze Leben hineingenommen zu sein.

Zuvor jedoch zog es die immer größer werdende Familie aus dem Segnitzer Mainbogen in die Stadt Würzburg. Im lieblichen Segnitz hatte man die Realität der Scheffelschen Gedichtstrophe vor Augen: »Der Wald steht grün, die Jagd geht gut, schwer ist das Korn geraten; sie können auf des Maines Flut die Schiffe kaum verladen. Bald hebt sich auch das Herbsten an, die Kelter harrt des Weines; der Winzer Schutzherr Kilian beschert uns etwas Feines.«

Was war aber dann der Grund dafür, dass die Familie 1819 umzog in die damals beachtliche, aber fast rein katholische Stadt Würzburg? Zum einen waren es die Hungerjahre 1816 und 1817. Sie hatten auch für den Weinhandel schwere Rückschläge gebracht. Dazu kam, dass Segnitz für einen wirklich größeren Weinhandel ungünstig lag. Vor allem aber waren die schulischen Möglichkeiten für die stets wachsende Kinderschar unbefriedigend.

Im katholischen Würzburg belächelte man den neu zugezogenen »Pietisten«. Man betrachtete ihn zuerst als einen reinen Exoten. Bald darauf jedoch erkannte man seine selbstlose Einsatzbereitschaft. Carl Köllner wurde die Verwaltung des gesamten Armenwesens der Stadt Würzburg übertragen. In der kleinen, meist aus armen Familien zusammengesetzten evangelischen Kirchengemeinde wurde er kurz danach zu einem der Kirchen-Ältesten gewählt. Das Herz Köllners jedoch schlug zunehmend für »das immer stärker werdende Reich Gottes« in aller Welt. Dafür wollte er die Würzburger Kirchengemeinde gewinnen. Sie sollte sich durch Informiertwerden, durch Spenden und durch Fürbitte einklinken in das Werk der Ausbreitung des Evangeliums unter Katholiken in Deutschland, unter Orthodoxen in Russland und unter Nichtchristen in Afrika.

Leider wurde auch dies Bemühen von Carl Köllner ein totaler Fehlschlag. Er musste in Bayern dieselbe Erfahrung machen, die Missionsfreunde in anderen Teilen Deutschlands ebenfalls machten:

Die Gemeinden der großen Landeskirchen und erst recht ihre Konsistorien ließen sich nicht für die Sache der Weltmission gewinnen! Vielleicht engagierte sich Carl Köllner zu sehr für die Weltmission. Tatsache war, dass sein Weinhandel sogar noch schlechtere Ergebnisse brachte als seine Anstrengungen für die Belebung der Weltmission. Er schrieb seinem Vater nach Basel, der ihn treulich mit neuesten Nachrichten bezüglich der Missionssache versorgte: »Aus meiner vorgesehenen Reise nach Sachsen ist nichts geworden! Unser Geschäft geht zu schlecht. Wir haben viel verloren und noch mehr Verluste stehen in Aussicht. Trotzdem würde ich so gerne den Termin wissen, wann das neue Missionshaus in Basel eingeweiht werden wird; eine Reise dorthin steckt mir in allen Gliedern! … Allerdings ist der gegenwärtige Geschäftsgang so beschaffen, dass ich nur schwerlich so viel erübrige, als der notwendigste Aufwand meiner weitläufigen Haushaltung kostet.«

Noch wichtiger jedoch als dies alles war es Köllner, dem Vater mitzuteilen: Er durfte Taufzeuge sein bei der Taufe eines »jungen israelitischen Freundes«, der aus wirklicher Glaubensüberzeugung Christ geworden war! »Sie werden gehört haben«, so schreibt er weiter seinem Vater, »dass kürzlich in Warschau 42 Juden zusammen getauft wurden. Hier in Würzburg wurden am Pfingsttag vier Juden getauft. Noch vier andere sollen sich gemeldet haben. Aber sie sind alle in die katholische Kirche eingetreten.«

Einige Gründe waren es, die damals einzelne Christen engagiert fragen ließen: »Was können wir tun, dass Glieder des Volkes Israel Jesus als ihren Messias und Erlöser anrufen?«

1. Sie nahmen ernst, dass das Evangelium von Jesus »eine Kraft Gottes« ist, »die selig macht alle, die daran glauben, die Juden *zuerst* und ebenso die Griechen« (Hervorhebung durch den Autor). Gemäß dem Vorbild des Apostels Paulus war ihnen bewusst, den Juden das Evangelium zu »schulden«.
2. Wie konnten sie denn achtlos vorbeigehen an den Juden, mit denen sie so eng zusammenlebten, solange sie so viel unternahmen für Heiden, die weit weg in Übersee wohnten?

3. Die Liebe zu Jesus, dem König der Juden, nötigte sie dazu, auch dessen Blutsverwandten aus Israel Liebe und Achtung zu erweisen.

4. Das Aufbrechen der Heidenmission hatte sie zum Fragen geführt, ob nicht die von Jesus vorhergesagten »Zeiten der Heiden« (Lukas 21,24) nun »erfüllt« seien und ob nicht darum auch die Wiederherstellung Jerusalems bevorstehe – samt der Aufhebung der »Verstockung Israels« (vgl. Römer 11,25).

5. Vor allem aber hatte die 1812 begonnene Juden-Emanzipation zu einer Welle von Taufbewerbungen von Juden geführt. Diese Juden wollten mit der christlichen Taufe ihr Jude-Sein ablegen und nichts anderes mehr sein als normale Bürger unter anderen Bürgern, normale Namenschristen unter anderen Namenschristen. Christen wie Carl Köllner jedoch schmerzten diese Pro-forma-Taufen der über ganz Europa hinweggehenden Assimilierungswelle. Darum wollten sie dabei mithelfen, dass Juden aus Überzeugung die Taufe auf den Namen des Messias Israels begehrten. Sie waren dabei, eine laue Christenheit aus dem Schlaf zu wecken. Indem sie das taten, wollten sie auch Hindernisse wegräumen, welche am Christenglauben für fromme Juden eher abstoßend als einladend waren.

Hinter dem ganzen – nur von kleinen Kreisen getragenen – vehementen Aufbruch zur Weckung der Christenheit, zum Engagement in Diakonie und Bibelverbreitung stand die Hoffnung, dadurch auch Israel zum Glauben an den Christus Jesus »reizen« zu können.

Total fremd war jedoch diesen Freunden eines Dienstes an Israel der Gedanke, Juden aus der Verwurzelung in Israel herauszubrechen. Sie verstanden die Christenheit doch nicht anders als Paulus, nämlich als einen in den Stamm Israels eingepfropften Zweig! Christus war für sie doch kein Gründer einer neuen Religion, sondern der schon Abraham verheißene Erbe, der Segen der Völker.

Bevor sich jedoch gegen ihre ernsten Absichten und Versuche Widerstand aus den Reihen jüdischer Rabbiner erhob, hatten schon längst Christen verschiedenster Schattierungen ihre Bedenken dagegen geäußert, ja ihren Spott gegen dies »unsinnige Unterfangen« ausgegossen. Die viel gehörte – von Napoleon bis hin zu Henry Dunant vertretene – Gegenparole hieß:»Die Juden sollen doch bitte ihre völkische und religiöse Eigenart ernst nehmen und sich wieder im Heiligen Land ansiedeln!«

Doch Carl Köllner ließ sich durch dies alles nicht den Mut nehmen. Er ließ sich vielmehr dazu aufrufen:»Tu doch anstelle des nicht recht glückhaften Weinhandels etwas Förderliches im Reich Gottes!«

Tu doch etwas Brauchbares für das Reich Gottes!

Eigentlich war Carl Köllner selbst immer wieder mit diesem Gedanken umgegangen. Bestärkt wurde er in diesen Überlegungen während einer Reise, die er zusammen mit seiner Frau im Sommer 1820 unternahm. Ursprünglich wollten sie Freunde der Mission kennenlernen. Wie durch einen Zufall begegneten sie in Stuttgart dem Basler Missionsinspektor Blumhardt und dem in London wirkenden, alle Fäden der Mission und der Bibelverbreitung zusammenhaltenden Pfarrer Dr. Karl Steinkopf. Diese beiden ermutigten das Ehepaar Köllner, sich hauptamtlich für die Sache des Reiches Gottes zu engagieren. Konkret wurde der Blick der Eheleute Köllner auf die Judenmission gelenkt, als sie in Esslingen den Judenchristen Peter Goldberg trafen. Der war kurz zuvor zusammen mit seiner Frau und den vier Töchtern getauft worden. Zuletzt – es war wie ein Siegel auf den Planungen – kamen Köllners nach Korntal.»Diese seligen Tage in Korntal waren eine Gnadenheimsuchung«, so schrieb Carl Köllner in einem Brief.

Im Frühjahr 1822 wurde die Würzburger Weinhandlung verkauft. Eigentlich hatte sich Carl Köllner ganz darauf eingestellt, das über Kandern hochgelegene Schloss Bürgeln bei Basel zu kaufen, um dort eine »Judenanstalt« einzurichten. Als sich die Kaufverhandlungen lange hinzogen, kaufte Carl Köllner kurz entschlossen aus einem ehemaligen Areal des Klosters St. Blasien ein Haus und eine

Landwirtschaft im kleinen Dorf Sitzenkirch, in einem Schwarzwaldtal unterhalb von Schloss Bürgeln gelegen. So wie 1820 in Beuggen heimatlose Christenkinder Bergung gefunden hatten, so wie 1827 aus türkischer Sklaverei freigekaufte Griechenkinder in der Basler »Griechenanstalt« eine Heimat finden sollten, so sollten in Sitzenkirch Kinder verarmter Judenfamilien aus Baden, der Schweiz und dem Elsass Bergung finden. Es gab auch jüdische Hausiererfamilien, die dankbar waren für das Angebot, ihre Kinder aufzunehmen.

Bald jedoch erhoben Straßburger Rabbiner Einspruch gegen diese »als Liebestat kaschierte Abwerbung« – wie sie es deuteten. Nach und nach verödete die mit Elan begonnene »Judenanstalt«. Maria und Carl Köllner verloren jedoch auch da den Mut nicht. Sie eröffneten einen Parallelbetrieb zu »Beuggen« und nahmen besonders schwer erziehbare, verwahrloste Christenkinder in ihr Heim auf. Das Haus füllte sich. Die Eltern Köllner wurden – neben der eigenen Schar der Kinder Keerl und der Kinder mit dem Namen Köllner – auch den Schwererziehbaren verständnis- und liebevolle Eltern, bis ihnen andere Aufgaben zuwuchsen.

Carl Köllner wurde Bürgermeister im kleinen Sitzenkirch. Fast einstimmig wurde er von der Gemeinde zu ihrem Vorsteher gewählt. Der Präsident der Oberbehörde sagte einmal: »Wenn alle Bürgermeister wären wie Köllner, dann stünde es wohl um das Land und seine Gemeinden.« Auch wurde Köllner immer wieder als Ratgeber zu Besprechungen in Basel und als Reiseprediger in die Gemeinschaften um Basel herum geholt. Dies alles machte Carl Köllner die Weiterführung der modellhaften sozialpädagogischen Arbeit in Sitzenkirch unmöglich.

In jener Zeit durchlebte Carl Köllner eine Glaubenskrise. Die sonst so tolerante Badische Kirche hatte ihm polizeilich verboten, die pietistischen Gemeinschaften um Sitzenkirch zu betreuen. Das seien »gesetzwidrige Konventikel«. In der Enttäuschung über diese kirchenamtliche Entscheidung fühlte er sich hingezogen zum schwarmgeistigen Kreis der sogenannten »Neukirchler«, die in der Staatskirche nichts anderes sahen als die »Hure Babylon«. Aus dieser Verirrung wurde Carl Köllner herausgeholfen durch seinen greisen

Vater. Dieser durfte kurz vor seinem Sterben (1835) noch erleben, dass sich sein Sohn Carl aus den sektiererischen Verstrickungen löste. Stattdessen fand dieser nun eine Aufgabe als geschätzter Referent bei den Zusammenkünften der »Hilfsmissionsgesellschaft für das badische Oberland«.

Carl Köllner wurde auch immer mehr verbunden mit der Basler Mission. Sie nahm gerade in jenen Jahren unter dem aus Korntal stammenden jungen Missionsinspektor Dr. Wilhelm Hoffmann einen ungeahnten Aufschwung. Johann Christoph Blumhardt, der spätere Möttlinger Pfarrer und Seelsorger aus Bad Boll, verlobte sich als Repetent am Missionsseminar mit Köllners Tochter Doris, der Basler Indienmissionar Häberlin mit der Köllner-Tochter Lotte. Und als Jakob Heinrich Staudt, einer der Basler Missionsrepetenten, nur von ferne die Köllner-Tochter Louise anzuhimmeln wagte, da wurde ihm von einer Basler Dame Mut gemacht: »Die ist für Sie!«

Dieser Heinrich Staudt (1808–1884) wurde 1843 als Pfarrer und als Leiter des Töchterinstitutes nach Korntal berufen. Für Carl Köllner und seine Frau war das wie ein Wink des Himmels, in dem seit ihrer Sommerreise 1820 hoch geschätzten Korntal – in der Nähe ihrer Töchter – die letzte Lebensaufgabe zu finden. Denn die täglichen Pflichten in der ausgedehnten Landwirtschaft von Sitzenkirch gingen den älter werdenden Eheleuten längst über die Kraft.

Mitten in den Umzugsvorbereitungen starb jedoch Köllners Frau. So musste Carl Köllner mit der ledigen Tochter Maria und mit der Stieftochter Mina Keerl (1803–1897) in Korntal einziehen. Sofort wurde ihm das Vorsteheramt für die Rettungshäuser in Korntal und bald darauf auch in Wilhelmsdorf übertragen. Mit besonderer Liebe hing er an den kleinen Kindern der Anstalt auf der Schlotwiese. Er leitete auch das Gemeindegasthaus, das jedoch hauptsächlich von Mina Keerl mit ganzem Einsatz betrieben wurde. Als Wohnsitz hatte er in der heutigen Saalstraße 6 das ehemalige Haus der Baumwollspinnerei gekauft (seit 1905 ist dies Gebäude Pfarrhaus der Brüdergemeinde).

Carl Köllner genoss es, in das reiche geistliche Leben Korntals und Württembergs einzutauchen. Seine Beiträge als Ausleger der

Bibel waren geschätzt. Gerade als einer, der mit dem Gedanken der Separation von der Kirche geliebäugelt hatte, konnte er württembergischen Kirchenkritikern überzeugend klarmachen: »Gewiss hat die Kirche manche Mängel; trotzdem ist sie bis heute durch Gottes Gnade eine Stätte, in der er seine Herrlichkeit offenbaren möchte!« Überhaupt war es ihm gegeben, mit kurzen Sätzen zur Sache zu rufen. Als etwa in der Stuttgarter Predigerkonferenz viel über das Streben nach Vollkommenheit geredet worden war, rief Carl Köllner dazwischen: »Sein Blut ist unsere Pracht!‹ Mit der Vollkommenheit Jesu können wir uns sehen lassen!«

Überaus schmerzlich war es für den Großvater Carl Köllner, aus nächster Nähe miterleben zu müssen, wie den Korntaler Pfarrleuten Staudt drei mit Sehnsucht erwartete Kinder nach kurzer Zeit wieder starben. Trotzdem bezeichnete er immer wieder die Korntaler Jahre als den »gesegnetsten und schönsten Abschnitt« seines Lebens. Er dauerte allerdings nur acht Jahre.

Eine besondere Freude war es für ihn, noch erleben zu können, dass sein Sohn Nathanael, der spätere Berliner Propst, eine Anstellung als Pfarrer erhielt. Die größte Freude jedoch, die Köllners Herz mit gespannter Erwartung erfüllte, war die Berufung des Basler Missionars Samuel Gobat (1800–1879) zum preußisch-anglikanischen Bischof von Jerusalem. Zusammen mit dem »Gründergenie« Christian Friedrich Spittler (1772–1867), einem ganz engen Freund, entwickelte er kühne Pläne, wie »im Windschatten« von Bischof Gobat missionarische und diakonische Pioniere nach Jerusalem entsandt werden könnten. Diese Vision schwang mit in jenem Satz, den er unter sein Bild schrieb: »Ich grüße alle, die Jerusalem Glück wünschen!«

In diesen Zusammenhang gehört auch die Korntaler »Jerusalem-Kutsche«. Um sie herum gab es später manche geradezu abstruse Legenden. Tatsache war, dass Spittler für einen in Zahlungsschwierigkeiten geratenen Mitarbeiter der Riehener Taubstummenanstalt gebürgt hatte. Dabei verlor er viel Geld. Aus der Konkursmasse bekam er schließlich nur eine altertümliche große schwarze Kutsche. Er sandte sie nach Korntal zu seinem Freund Köllner mit der Bestimmung: »Macht doch aus dieser Kutsche eine Art von Omnibus, mit dem die Korntaler Brüder zu Monatsstunden oder Ähnlichem befördert werden können. Wenn dann etwas Fahrgeld zusammenkommt, so soll das dem Brüderhaus der Chrischona-Brüder in Jerusalem zugutekommen. Benutzt die Kutsche nur recht häufig!«

Die Korntaler Brüder waren nicht erbaut über dieses »Geschenk«; sie wussten nicht, wo sie dies schwerfällige Möbel unterbringen sollten. Die Korntaler brauchten auch gar kein solches Gefährt; denn sie waren gern zu Fuß unterwegs, wenn sie »über Feld« gehen mussten. Köllner meldete das in einem Brief an Spittler. Er klagte auch über das Ächzen, das die Kutsche bei jeder Bewegung hören lasse. Spittler schrieb umgehend zurück: »Ihr werdet doch wohl in Korntal einen Schuster oder gar Wagner auftreiben, der die Kutsche schmieren kann!« Schließlich wurde eine Lotterie veranstaltet; jedes Los kostete fünf Batzen. Der Ertrag erbrachte mehr als 50 Louisdor. Diese Summe half dabei, dass Köllner die Kutsche dem Brüderhaus in Jerusalem zustellen konnte. Ob sie dort gebraucht wurde, ob sie angekommen oder unterwegs verschollen ist, weiß niemand. In die Legende eingegangen ist jedoch die Version: In Korntal hatten sie in ihren Remisen unaufhörlich die Kutschen einspannbereit und geschmiert, um sich beim Wiederkommen Jesu sofort auf den Weg nach Jerusalem machen zu können!

Als Carl Köllner 63-jährig unvermutet am Rand der Korntaler Markung gestorben war, wurde dort zum Gedenken an ihn der »Köllner-Stein« gesetzt. Als Mahnung für die Vorbeigehenden wurden in den Stein die Worte der mittelalterlichen Antifon eingegraben: »Mitten wir im Leben sind von dem Tod umfangen«. Luther stellte einmal diesem schreckenden Wort das tröstliche Evangelium entgegen: »Mitten in dem Tode sind wir vom Leben umfangen!« Carl Köllner hat es in allem Auf und Ab seines Lebens erfahren: »Nur den Mut nicht verloren! Durch Leiden geht es zur Herrlichkeit!«

Samuel Hebich (1803–1868)

Missionar aus der schwäbischen Heidenwelt

Der »Bartmann«

Im Herbst 1850 bezog das englische 16. Infanterie-Regiment die indische Garnison Kannanur (Cannanore). Hoch ging es her im Offizierskasino. Es lag an der felsigen Küste. Die hohen Fenster gaben einen weiten Blick über den Indischen Ozean frei. Die Leutnants anderer Regimenter überboten sich darin, den Neuankömmlingen die Besonderheiten der ehemaligen portugiesischen Festungsstadt zu schildern. Bald jedoch hakten sich die Scherze und Storys an der Gestalt des deutschen Missionars Hebich fest. »Hibick«, so sprachen sie seinen Namen aus. Noch öfter redeten sie vom »Graubart« oder vom »Bartmann«. Vielleicht gehe der merkwürdige Heilige einmal als »Apostel von Kannanur« in die Geschichte ein. Jeder Leutnant hatte etwas über den »närrischen Pfaffen« zu berichten.

Das sei schon ein ganz wunderlicher Kauz! Morgens predige er in den Gassen des Bazars den Eingeborenen. Er ziehe herum mit einer Schar schwarzhäutiger Jünglinge. Mitten im Gewühl des Bazars stimmten sie miteinander ein Lied an. Dann würden sie zu gemeinsamem Gebet einen Kreis bilden. Drum herum sammelten sich dann die Tamilen oder Malayalis. Ach, bewahre! Nein, nie im Leben zum Zuhören! Sondern zum Nachäffen und Verspotten. Da rufe dann etwa einer der schauspielerisch Begabten, indem er das gebrochene Englisch des Deutschen nachahme: »Jesus Christus ist der wahre Gott! Betet doch nicht Steingötzen an! Ihr närrischen Leute! Kommt doch zu Jesus, zum wahren Gott! Jesus ist das Lamm Gottes! Schaut auf ihn!«

Andere würden »Hoho« rufen oder »Hsst!« zischen und Steine, Kuhmist und Sand auf die fromme Schar werfen. Der langbärtige Missionar spanne dann abwehrend seinen riesengroßen grünen Schirm auf. Das müsse man einfach erlebt haben!

Den Tag über besuche der Langbart Engländer und vermögende englisch-indische Mischlinge und werfe ihnen fromme Grobheiten an den Kopf. Er werde nicht müde, von Sünden und von Jesus zu quatschen. Dazu halte er auf der Straße Fußgänger an, ja er falle sogar Berittenen in das Zaumzeug der Pferde.

Dabei sei er nicht ungeschickt in Geldgeschäften. Er verwalte die Kasse aller Missionare der Malabar-Region. Man sehe es schon seiner Handschrift an, dass er eigentlich ein Kaufmann sei. Vielleicht sei er sogar ein Jude. Manchmal schwatze er Einfältigen hundert Rupien auf einen Schlag ab. Besonderes Glück habe er dabei bei englischen Frauen. Man wisse nicht, wie viele Geld-Wechsel durch seine Hand liefen. Erst recht sei ein Rätsel, wo denn das ganze Geld hinkomme. Ob er überhaupt ein richtiger Missionar sei, wisse man auch nicht. Erst neulich habe sich ein Soldat erschossen, der zuvor beim Graubart gewesen sei. Der Pfaffe habe eben die Menschen total in seiner Hand, die zu ihm zum Beichten kämen.

Der Grabstein von Samuel Hebich auf dem Korntaler Friedhof

»Mehr Schurke als Narr!« So schallte es von der einen Seite. Andere versuchten, den deutschen Missionar als Ehrenmann zu verteidigen. – »Gut, mag sein! Aber eben alles mit Maß! Für uns Engländer ist der Militärkaplan da! Warum muss sich denn der deutsche Querschädel gerade uns aufdrängen?« Das hörte man im turbulenten Stimmengewirr. Wer war denn dieser Samuel Hebich?

»Ein Zeuge Jesu Christi aus der Heidenwelt«, so ist bis heute auf seinem Grabstein zu lesen. Der Missionspionier Samuel Hebich (29.04.1803–21.05.1868) wollte auf dem Alten Korntaler Friedhof seine letzte irdische Ruhestätte finden. Auch die Inschrift auf dem Grabstein hatte er selbst bestimmt. Mit der »Heidenwelt« hatte er jedoch nicht das Götter-, Götzen- und Kastenwesen Indiens gemeint. Als ausgesprochene Heidenwelt empfand Samuel Hebich vielmehr das schwäbische Heimatdorf Nellingen bei Ulm, auch das im 19. Jahrhundert in Glaubensdingen immer gleichgültiger werdende Mitteleuropa. Vor allem verstand er als »Heidenwelt« das verweltlichte englische Mutterland des großen britischen Kolonialreiches.

Aus diesem modernen Heidentum herausgerufen wusste sich Samuel Hebich durch den erbarmenden Gott. Er hatte als junger Mann erlebt, dass man unversehens in Gottesferne hineingeraten und sich in dieser Verlorenheit sogar noch wohlfühlen kann. Aus diesem Grund fühlte er sich dazu berufen, ungewöhnlich drastisch Europäer und Inder zu wecken. Sie sollten das mit Jesus angebotene Heil nicht verschlafen. Lieber sollte man ihn verlachen, als dass er sich selbst hätte vorwerfen müssen, ein nutzloser »alter, zahnloser und schlafender Wachhund« zu sein. So glich Hebichs Verkündigung und Seelsorge sehr oft der derb aufrüttelnden Sprache der mittelalterlichen Bußprediger Abraham a Santa Clara und Johannes Geiler von Kaysersberg. Der schwäbische Erweckungsprediger Ludwig Hofacker hat einmal gesagt: »Wer selbst den Schrecken einer verzehrenden Feuersbrunst erlebt hat, bringt es nicht mehr fertig, den Weckruf ›Feurio‹ nur so auszurufen, dass er niemanden stört!« In gleichem Sinn hat Samuel Hebich viele Menschen geweckt. Er hat aber auch viele gestört.

Was Hebich prägte

»Heidenwelt«, das war auch die Heimat auf der lieblichen Hochfläche des Ulmer Hinterlandes auf der Schwäbischen Alb. Das Kirchenregiment der Freien Reichsstadt Ulm hatte sich entschlossen gegen alle pietistischen Einflüsse abgeschottet. Auch Pfarrer Hebich in Nellingen, der Vater von sieben hoch aufgeschossenen Söhnen, war ein überzeugter Verfechter des Vernunftglaubens. Die Berichte der Bibel hielt er für Märchen. Zur Konfirmation schenkte er seinem Sohn Samuel eine Tabakspfeife. Große Sorgen plagten ihn, wenn er an seine Söhne dachte. Sie sollten doch bloß nicht »auf Abwege geraten«. Damit meinte er, sie sollten doch hoffentlich keine »bibelgläubigen Kopfhänger« werden. In solch einer »Heimatluft« wuchs Samuel Hebich auf. Was damals in ganz Europa üblich war, hatte auch die stille Ulmer Alb nicht verschont: Ernsthafter Christusglaube wurde als versponnener Mystizismus und als Heuchelei abgetan.

Umso ungewöhnlicher war es, was der 17-jährige Kaufmannslehrling Samuel Hebich dann in Lübeck erlebte. Wie manche der ganz besonderen Segensträger Gottes wurde er aus trostloser Gottferne geradezu abrupt herausgerissen. Stattdessen wurde er hineingeholt in eine unbeschreibliche Gottesnähe. Wir würden es gerne genau wissen, wie sich das ganz konkret ereignet hat. Aber Hebich hat nie mehr als eben Andeutungen preisgegeben: Er hätte sich unverstanden und ohne einen Menschen, dem er sich hätte anvertrauen können, verfangen gehabt in einem Geflecht von Verlassenheit, Unwürdigkeit, Schuld und Sinnlosigkeit. Diese Verstrickung habe ihm jeden Lebenswillen geraubt. Dann habe er jedoch – abseits von den Vergnügungsbuden des Lübecker Schützenfestes – am 13. Juni 1821 eine Gottesbegegnung gehabt. Er sei auf die Knie gesunken und habe Gott gedankt für Gewissheit und Frieden. Gottes Hand habe ihn ergriffen und ihn aus tiefsten Abgründen der Verlorenheit herausgeholt. Jesus sei ihm zum Freund geworden.

Was Hebich so erlebt hatte, das wollte er weitergeben. Gerade weil es in seinem jungen Leben bis dahin gar keine besondere Auflehnung gegen Gott und erst recht keine moralische Entgleisung gegeben hatte, wollte er Menschen unüberhörbar bezeugen: Gottes Auge sieht dich in deiner religiösen Genügsamkeit. Sein Ohr vermisst es schmerzlich, dass du nicht mehr mit ihm reden willst. Sein Mund möchte doch auch dich wecken! Seine Hand würde so gerne auch nach dir greifen, um dich an seiner Brust zu bergen!

Hebich wollte Menschen ansprechen auf das, was bei ihnen an ungutem Wust in den Kellern ihrer Seelen verborgen zu sein schien. Später, in Indien, verschonte Hebich nicht einmal die sich so piekfein gebenden englischen Offiziere. Auch bei ihnen zog er ein abgegriffenes, zerfleddertes Heft aus seiner Tasche. Es war die von Johannes Goßner verfasste Schrift »Das Herz des Menschen« mit ihren drastischen Darstellungen eines ungereinigten Herzens, aber auch mit Darstellungen eines von Jesus gereinigten Herzens. Als »Zeuge des Christus Jesus aus der Heidenwelt« wollte er in der Heidenwelt den »Freund Jesus« bekannt machen, der aus Verlorenheiten retten kann und will.

Nach jenem Junitag in Lübeck war Hebich hineingewachsen in einen in der Bibel gegründeten Jesus-Glauben. Dabei unterstützte ihn der Lübecker Pfarrer Geibel. Lebenslang blieb das Hebichs Anliegen: Menschen dürfen sich nicht an einem einmaligen Bekehrungserlebnis genügen lassen. Vielmehr müssen Menschen im Glauben und in Erkenntnis wachsen! Dazu wollte auch er Hilfen geben, schlicht, aber einprägsam. So fragte er einmal während einer Jugend-Unterweisung in Indien: »Wann brauchen wir denn die Gnade Gottes?« Eine Antwort war: »Immer, bis wir sterben!« Hebich war damit noch nicht zufrieden. Da wurde eine Verbesserung nachgeschoben: »In alle Ewigkeit!« Hebich genügte auch diese Antwort nicht. So fragte er nochmals: »Wann brauchen wir die Gnade Gottes?« Da sagte ein Junge aus vornehmem Brahmanengeschlecht: »Jetzt!« Hebich strahlte und wiederholte dreimal: »Ja, jetzt, jetzt, jetzt! Jetzt brauchen wir die Gnade Gottes!«

Ein anderes Mal, es war bei einer großen schwäbischen Wohltätigkeitsveranstaltung für die Mission, fragte Hebich in eine entstandene Gesprächspause hinein: »Wer war eigentlich schuld am Tod von Jesus?« Man wollte die Frage rasch erledigen. So wurde die Antwort laut: »Alle Menschen!« Hebich schüttelte den Kopf. »Die Sünder!«– »Nein!«– »Die ganze Welt!« Hebich schien noch immer nicht zufrieden. »Die Römer!« »Die Soldaten!« »Pilatus!« »Die Juden!« – »Nein, nein!« Zuletzt ließ sich ein junges Mädchen aus einer Saalecke hören: »Ich! Denn Jesus starb für mich!« Diese Antwort überwältigte Hebich so, dass er mit seinem Taschentuch Tränen von seinen Wangen wischen musste: »Ja, Jesus starb für mich!«

Im neu gegründeten Lübecker Missions-Jünglingsverein hatte Hebich zum ersten Mal davon gehört, dass Christen eine weltweite Missionsaufgabe haben. Dafür seien hier und dort Missionars-Ausbildungsstätten ins Leben gerufen worden. Das ließ den erfolgreichen Auslandsreisenden einer renommierten Lübecker Firma nicht ruhig werden. 1830 bewarb sich der 27-Jährige um die Aufnahme in das Basler Missionshaus. Bis dahin war er im weiten Ostseeraum unterwegs gewesen.

In Basel hatte man jedoch Bedenken, ob er zum Missionar geeignet sei. Der damalige Missionsinspektor Blumhardt hielt den Bewerber für »viel zu alt« und auch für viel zu selbstbewusst. Der Lübecker Seelsorger Hebichs trat jedoch für Hebich ein, er zerstreute diese Bedenken. Eine fromme finnische Gutsbesitzerin kam für die Ausbildungskosten auf. So traf Samuel Hebich am Weihnachtsabend 1831, direkt aus Finnland kommend, im Missionshaus ein. Die übrigen Missions-Kandidaten waren etwas befremdet über den weltgewandten und mit seiner echten Pelzmütze ungewöhnlich vornehm scheinenden Ankömmling.

Das geradezu klösterlich-karge Leben im damals engen Missionshaus unter den meist jüngeren Seminaristen fiel Hebich dann ebenso schwer wie das intensive Lernen. Es wird sogar behauptet, er habe feierlich seine hebräische Grammatik am Rheinknie in die gurgelnden Fluten versenkt mit den Worten: »Von dir will ich nichts! Ich will doch kein Wissenschaftler, sondern ein Missionar werden!« Nach intensiver zweieinhalbjähriger Ausbildung wurde Hebich 1834 zusammen mit zwei anderen Seminaristen ordiniert und zum Dienst in Indien bestimmt.

Herausforderungen

»Die Christenheit ist dazu herausgefordert, sich mit der religiösen Kraft Indiens zu messen!« Davon war der damals neu nach Basel berufene Missionsinspektor Dr. Wilhelm Hoffmann (1806–1873) überzeugt, der ein Sohn des Korntal-Gründers Gottlieb Wilhelm Hoffmann war. Keine der asiatischen Religionen sei so alt und so tief im ganzen Volksleben verwurzelt wie der Hinduglaube. In ihm zeige das Heidentum seine ganze elementare Kraft. Trotzdem habe sich das Jesus-Evangelium auch gegenüber dieser »Riesengestalt« schon bisher als siegreich erwiesen.

Missionsinspektor Dr. Wilhelm Hoffmann

Dabei dachte Dr. Hoffmann an die christlichen Gemeinden, die in der Gegend von Kalkutta entstanden waren. Die beiden Basler Missionare Dürr und Weitbrecht hatten dort im Auftrag der englischen

Kirchenmission (*Church Missionary Society*) gewirkt. Mit »scharfem und auch mit mildem Licht« – so hieß es beim Basler Missionsdirektor weiter – habe die Mission den »Fluch entdeckt, der das Herz jedes Götzendieners drückt«. Nun aber habe sie »Frieden gebracht in die Unseligkeit, die auf Tausenden lastete«. Deshalb müsse Indien das hoffnungsvollste und wichtigste Arbeitsfeld der Basler Missionsgesellschaft werden.

Außerdem war 1833 auch nicht-englischen Missionsgesellschaften das Wirken in Indien gestattet worden. So hatte sich Basel dafür entschieden, im Südwesten des indischen Subkontinentes eine Region zu bearbeiten. Mangalore an der malabarischen Westküste sollte der Mittelpunkt werden.

Am 14. Oktober 1834 trafen die drei Basler Abgesandten in Calikut ein, der Hauptstadt von Malabar. Während der dreimonatigen Seereise hatte Hebich sich einen mächtigen Vollbart wachsen lassen. Ab diesem Zeitpunkt drehte sich bei Hebich alles um Malabar. »Seht hier das Heidentum«, so soll Hebich beim Ausschiffen gesagt haben, indem er auf einen Haufen von faulenden Fischen deutete. »Hier ist Zersetzung des Todes. Hierher müssen wir das Leben von Jesus bringen. Wir müssen alles reinigen mit dem Evangelium!«

Wie viele und wie große Herausforderungen erst noch vor den Ankömmlingen lagen, das konnte Hebich damals nicht ahnen. Wie sollten sich die deutschen Missionare gegenüber der englischen Kolonialregierung und auch gegenüber den anglikanischen Armeegeistlichen verhalten? Sollten sie zur Zusammenarbeit mit anderen Missionsgesellschaften bereit sein? Sollte das Heidentum mit seinem Götzendienst kompromisslos und in mutiger Konfrontation bekämpft werden? Oder sollte nur verständnisvoller, von Toleranz bestimmter Dialog gepflegt werden? Wie sollte das Kastenwesen beurteilt werden, die Vielweiberei, die Witwenverbrennung? Sollte mehr Wert auf Bekehrungspredigten gelegt werden als auf ein aufzubauendes Schulwesen mit Jugendunterweisung? Wie sollte sich das Verhältnis gestalten zwischen Reisepredigten und Nacharbeit? In welcher Sprache sollte die Missionsarbeit getan werden, in Englisch, in Malayalam, in Kanaresisch, in Tulu? War angesichts der

Sprachenvielfalt und angesichts der unterschiedlichen Volksstämme überhaupt ein zentrales Katechistenseminar in Mangalur zu verwirklichen, wie es der edle Fürst von Schönburg-Waldenburg zu stiften bereit war? Wie weit sollte sich die Mission einlassen auf wirtschaftliche Unternehmungen, welche den Neubekehrten Arbeit und Brot verschaffen würden? Wie rasch sollten die Gemeinden der Neubekehrten sich selbstständig verwalten? Sollte gar eine eigenständige »indische Kirche« entstehen, oder sollten die Gemeinden Anhängsel der Basler Mission bleiben? Sollten die Missionare eine gemeinsame Kasse haben und nach gemeinsamer Strategie – eventuell sogar unter einem »Ältesten« – vorgehen?

Hebich, »vollmächtig, aber auch eigenmächtig«, war zum »Einspänner« geboren. Es fiel ihm schwer, sich an Absprachen mit den Gefährten zu halten. Erst recht war er kritisch gegenüber den Weisungen des Basler Komitees (in schweizerischem Französisch immer »die Comité« genannt). Ihm empfahl er für das indische Missionsfeld die Marschroute »slow and sure« (langsam und abgesichert). Er selbst hielt sich jedoch keineswegs an diese Maxime: »Nur mit der Ruhe! Lieber langsam als unklar!« Vielmehr liebte er spontane Entschlüsse. Sogar als »Generalkassier« der »indischen Mission«, wozu er berufen worden war, schaltete und waltete er nach eigenem Ermessen, allerdings dabei durchaus verantwortlich und alles andere als unzuverlässig. Für das »Langsame« war er gleich gar nicht zu haben. Er wollte zu den Menschen gehen, auch wenn er nur radebrechend sich der englischen Sprache bedienen konnte. Für Ansprachen in den Volkssprachen brauchte er Übersetzer.

»Vorwärts mit Freude! Treu bis in den Tod! Halleluja, Amen!« So konnte Hebich rufen. Mit dieser Einstellung stürzte er sich auch auf das unbestellte Feld der Reisepredigt. Während der Reisen, die er entweder auf dem Pferderücken oder mit dem Ochsenkarren unternahm, baute er Außenstationen auf, eine um die andere. Zwar ließ er sich Kannanur als den für ihn geltenden Zentralort durch die Baseler Missionsleitung zuweisen. Dort hatte er sich sogar schwäbisch gründlich mit Backsteinen und mit richtigen Dachziegeln ein »Häusle« gebaut – auch dies wieder gegen den erklärten Willen der

Missionsleitung. Denn zum verständlichen Ärger des unfreundlichen englischen Armeegeistlichen hatte der etwas eigensinnige Hebich seine neue Behausung einfach an die anglikanische Militärkapelle angebaut.

Hebich boykottierte auch den Plan der Basler Missionsbehörde, in Mangalore eine gemeinsame zentrale Ausbildungsstätte für Katechisten zu schaffen. Stattdessen sammelte er in Kannanur eine Schar von jungen Predigthelfern. Denn sein Versuch, ehemalige englische Soldaten zu »hinduisieren«, war nicht zu verwirklichen. Sie hätten als Predigthelfer die Eingeborenensprachen sprechen sollen. Sie hätten sich mit Inderinnen verheiraten und sich verpflichten sollen, solange als nur möglich im Dienst der Mission zu bleiben. Aber das war fehlgeschlagen.

Drei entscheidende Weichenstellungen waren es, die seinen ununterbrochenen 25-jährigen Indieneinsatz prägten und die auch sein Wirken – besonders in Form von mancherlei viel erzählten und immer wieder gedruckten Anekdoten – bis heute bekannt gemacht haben.

1. Mit der Ausbildung von einheimischen (damals noch wegen der Hautfarbe »schwarz« genannten) Missionshelfern und Katechisten legte Hebich den Grund zur Bildung einer einheimischen »indischen« Kirche. Die Mehrzahl der über Hebich bekannt gewordenen Geschichten ist durch diese von ihm geprägten einheimischen Evangelisten überliefert worden. Die Verschmelzung von ehemaligen »Basel-Missions-Gemeinden« mit der nach dem Zweiten Weltkrieg entstandenen *Church of South-India* war eine Konsequenz des durch Hebich eingeschlagenen Weges.

2. Kompromisslos und meist auch furchtlos nahm Hebich den Kampf mit dem Hindu-Heidentum auf, meist anlässlich von »Götzenfesten«. Im toleranten Europa und auch bei anderen Missionen trug das Hebich erhebliche Kritik ein. Man warf ihm vor, er habe dadurch den guten Namen des Christus Jesus in Misskredit gebracht. Andererseits sorgte gerade der vehemente Widerstand der Hindus und ihrer Priester für die Bekanntheit

der Person und des Wirkens von Hebich weit über die Grenzen seines Arbeitsfeldes hinaus.

3. Hebich fühlte sich verpflichtet, mit ganzer Hingabe ein »Zeuge des lebendigen Christus Jesus« auch unter den Offizieren und Soldaten der englischen Kolonialmacht in Indien zu sein. Hebich stieß zwar auch unter diesen Engländern auf manchen echten Jesusnachfolger – besonders unter Militärärzten und -kaplänen. Aber im Normalfall war er enttäuscht über die religiöse Oberflächlichkeit dieser – wie es Hebich vorkam – stark liturgisch, ja sogar »römisch« geprägten anglikanischen Kirchlichkeit. Viele der sich so unmoralisch aufführenden Militärs waren ein absolut schlechtes und damit der Sache der Mission hinderliches Exempel des »Christseins«. So fühlte sich Hebich zur Missionierung der Engländer gedrungen, darüber hinaus zur Missionierung von »Portugiesen, Indo-Briten und anderen Namenschristen«. Eines der in Kannanur stationierten Spahi-Regimenter bekam sogar den Beinamen »Hebichs own«, also »Hebichs Leibregiment«. So nachhaltig war der Einfluss des Missionars auf die englische Einheit gewesen. Hebich begründete sein Wirken unter den Engländern auch damit: Gott hat der englischen Nation das indische Volk anvertraut. Erst die englische Obrigkeit hat überhaupt Mission in diesem heidnischen Land möglich gemacht. Vor allem unterstützten viele Militärangehörige auch finanziell die Mission. Die schönste Frucht dieser oft belächelten Engländer-Mission war die durch Hebichs Wirken entstandene gemeinsame englisch-indische Gemeinde in Kannanur.

Samuel Hebich fühlte sich auch dort zur Seelsorge herausgefordert, wo andere das Zurechthelfen und Zurechtbringen verschliefen. Meist war er der Erste, wenn es darum ging, verzagten Menschen beizustehen. Wenn in Mangalore neue Missionare ausgeschifft wurden, dann konnte Hebich bis zu dreißig Stunden zu Fuß oder ganze Nächte auf dem Pferderücken dransetzen, um sie zu empfangen. Er ahnte, wie es ihnen ums Herz war. Meist hatte er auch dem Koch Anweisung gegeben, ein Festessen mit viel Ochsenfleisch vorzubereiten. Aus dem für Neuankömmlinge angstbesetzten Anfang auf dem indischen Missionsfeld wusste Hebich ein ermutigendes Fest zu machen.

Als 1855 der in Korntal geborene Indienmissionar Samuel Kullen von den Missionaren Dr. Mögling und Dr. Gundert mit Schimpf und Schande aus der Mission gejagt worden war – man sprach damals von der »Kullenschen Katastrophe« –, da unterbrach Hebich seine Arbeit in Kannanur, um in das Tagesreisen ferne Mangalore zu eilen. Einfühlsam versetzte er sich so sehr in die Lage des »unglücklichen Gefallenen«, dass er sich immer wieder sagte: »So stünde es mit mir, wenn mich nicht die Gnade hielte!« Am liebsten hätte er alles Strafen unterlassen. Alles lag ihm am Retten und Aufrichten.

Allerdings war Hebich auch bewusst: Alles Aufrichten ist nur dort möglich, wo Menschen Geschehenes als Sünde erkennen und auch vor Gott bekennen.

Was man sich von Hebich erzählte

»Meine Büble«, so nannte Hebich liebevoll die drei begabten Brüder John, Joseph und David Jakobi. Deren Vater war tamilischer Knecht im Dienst eines frommen Militärarztes. Der Sohn John war schon in England gewesen und sollte Chirurg werden. Joseph hatte sich für den Pfarrdienst in der anglikanischen Kirche vorbereitet. Leider hat von den dreien nur Joseph überlebt. Er wurde später Pfarrer in Kodokal. Dieser Joseph berichtete:

»Hebich ging uns ganz persönlich liebevoll nach, bis er uns gewonnen hatte. Dann allerdings hielt er uns streng und knapp. Wir sollten lernen, uns selbst zu verleugnen. Denn von einem Missionsgehilfen erwartete Hebich männlichen Charakter, lautere Gottesfurcht und Eifer für die Sache des Herrn Jesus. Alle Einbildung sei überaus schädlich, weil sie trotz der besten Kenntnisse fruchtlos mache.«

Der Missionar ließ seine jungen Gehilfen zuerst niedrigste Dienste verrichten. So mussten sie etwa seine neu gepflanzten Kaffeebäume Setzling um Setzling stundenlang begießen. Dann nahm er sie mit an Kranken- und Sterbebetten, auch an Betten von ansteckend Kranken. Vor allem nahm Hebich seine »Büble« mit zu den gefährlichen Basarpredigten und Götzenfesten. 1846 geschah es im Tempelort Taliparambu, dem eigentlichen Heiligtum von Nordmalabar, dass der Hauptbrahmane mit dem Ruf »Greift sie!« die Masse auf die kleine Christengruppe hetzte.

Hebich berichtete davon: »Wir kriegten alle unseren Teil an Sand, Kuhdung und Steinen. Doch Joseph trug die schönste Auszeichnung davon: Die Augenbraue wurde ihm von einem Stein durchschnitten. Wir waren voll Lob und Dank, dass wir gewürdigt worden waren, für den Herrn Jesus zu leiden. Noch nie habe ich meine Büble so fröhlich gesehen. Sie sangen das Lob Gottes und beteten den ganzen Tag.«

Später wurde das, was jeweils auf den Götzenfesten von Taliparambu geschah, gewaltig ausgeschmückt und als authentischer Bericht ausgegeben. Hebichs eigene Berichte waren weit nüchterner. So etwa darüber, wie 1849 versucht worden war, Tempelelefanten auf Hebich und seine Leute zu hetzen:

»Erst steuerte der Führer mit einem kleinen Tier auf uns los, als wir gerade auf einer Erdmauer standen und predigten. Majestätisch weigerte sich das Tier; doch dann trieb er's mit Gewalt näher. Ich schrie donnernd den Elefanten an. Der Elefant erschrak, rannte gegen die Mauer und bewegte sich dann langsam an mir vorbei. Am nächsten Tag erschienen vier große Elefanten. Einer war ohne Reiter und stürzte so wild unter die anderen, so dass alles angstvoll davonlief. Jetzt aber bewegten sich die Tiere auf uns los. Zwei wurden noch abgelenkt. Die beiden andern streiften uns beinahe. Doch der Herr Jesus gab Gnade, dass wir – wenn auch zitternd – auf unserem Posten blieben. Das machte Eindruck auf das Volk. Ein kleiner weißer Elefant verursachte dann kaum Unruhe. Sein Treiber besuchte mich danach. Er sagte, nur durch Zauberei könne er mit diesen Tieren erfolgreich umgehen. Am nächsten Morgen jedoch fand er sein Tier tot.« Im Volk hieß es: »Wenn Gott seinen Elefanten nicht einmal an seinem eigenen Fest erhalten kann, so muss er ein Steingott sein, wie der Padre immer behauptet!« Jedenfalls machten der Ernst und die

Leidensbereitschaft, mit denen Hebich und seine Leute ihre Sache vertraten, Eindruck auf viele Festbesucher.

Ausgeschmückt, wenn nicht sogar kühn erfunden, waren viele der bis heute umlaufenden Histörchen über die Behandlung englischer Offiziere durch Hebich. Das ist schade; denn es hörte sich doch so schön an, wie Hebich einen Leutnant, der sich vor ihm unter dem Sofa versteckt hatte, unter den Fransen des Sofas mit der Schirmkrücke hervorzog. Ganz bezeichnend jedoch für Hebich ist der folgende Bericht:

Zwei junge englische Offiziere hatten viel über Hebichs Absonderlichkeiten gehört. Sie wollten ihren Spaß mit ihm haben. Sie luden ihn darum zum Lunch ein. Hebich kam und benahm sich während der Mahlzeit als vollendeter Gentleman. Er plauderte in angenehmer Weise, erzählte von seinen Reisen und ließ sich von den Offizieren über ihr Ergehen berichten. Nach dem Lunch zündeten sich die jungen Leute Zigarren an und fragten:»Herr Hebich, spielen Sie auch Karten?« – »O gewiss, das tue ich! Aber ich bringe immer meine eigenen Karten mit. Darf ich?«– Als sie bejahten, zog er zehn einzelne Blätter aus seiner Rocktasche. Auf ihnen waren Bilder aus Goßners »Herzbüchlein« geklebt. Hebich spielte die erste Karte aus. Auf ihr war das natürliche Herz des Menschen dargestellt. Hebich sagte:»Meine Herren! Das ist der Trumpf! So sind Ihre Herzen. Sie wollten an mir altem Mann einen Spaß haben. Nun, ich zeige euch eure Herzen. Seht, der Teufel ist los. Er sitzt auf dem Thron, nicht der Herr Jesus. In euren Herzen ist all das Teufelszeug: der Pfau des Stolzes, der Schakal der Betrügerei, die Schlange der Falschheit, die Ratte der Spielsucht, der Hund böser Lust, die Völlerei und Unmäßigkeit des Geiers. Gottes Geist kann wegen dieser schlimmen Menagerie nicht in eure Herzen kommen. Lasst doch Jesus diese Teufeleien austreiben!« So predigte Hebich weiter, bis die jungen Leute bereit waren, mit Hebich niederzuknien und um ein reines Herz zu bitten.

Verlässlich ist auch der Bericht über die Bekehrung von Hauptmann Robert Dobbie und seiner Frau Isabella. Robert Dobbie selbst war ein überaus derber Mann. Vielleicht gerade darum hatte er Geschmack gefunden an der Originalität von Missionar Hebich. Bei einem Vormittagsbesuch, zu dem Hebich eingeladen war, wandte sich Hebich nach kurzer Eingangsplauderei an die Hauptmannsfrau: »Gehören Sie von ganzem Herzen Jesus?« Die kirchlich interessierte Frau antwortete: »Ich hoffe es doch!« – »Ich wollte nicht wissen, was Sie hoffen. Ich habe ganz einfach gefragt: ›Gehören Sie Jesus?‹ – Frau Isabella Dobbie erwiderte: »Ich meine, ja!« – »Auch nach Ihrer Meinung habe ich Sie nicht gefragt! Übrigens: Haben Sie eigentlich schon gefrühstückt?« – »O ja, aber sicher!« Darauf Hebich: »Wie können Sie bloß so gewiss sein? Ist das nicht anmaßend? Müssten Sie nicht antworten: ›Ich hoffe, ich meine, gefrühstückt zu haben?‹ Nein, Sie sollten auch ganz gewiss wissen, dass Sie Jesus gehören!« Darauf holte Hebich auch da seine »Herzbüchlein«-Karten vor. Er hinterließ mit seinen Erklärungen einen starken Eindruck bei den Eheleuten. Die Hauptmannsfrau nahm Hebich nur übel, dass er sie in Gesellschaft anderer so abgekanzelt hatte. Bei einem weiteren Gespräch konnte sich Hebich leider in Gegenwart der Dame einen überaus derben Ausdruck nicht verkneifen. Ab diesem Zeitpunkt wollte sie ihm das Haus verbieten. Aber ihr Mann redete ihr immer wieder gut zu, bis ihr innerer Widerstand gebrochen war. Sie wurde eine der sich am mutigsten zu Jesus bekennenden Christenfrauen.

Nach Hebichs Tod war in einer indischen Zeitung zu lesen: »Es gibt unzählige Anekdoten darüber, wie bolzgerade Hebich auf Menschen zuging. Das löste zuerst Erstaunen, Verwirrung und Ablehnung aus. In vielen Fällen jedoch haben sich diese Anwandlungen in aufrichtige Liebe und Dankbarkeit verwandelt. Es sind viele, welche die ersten Anfänge ihres Glaubenslebens der schonungslosen Freundlichkeit dieses Knechtes Gottes verdanken.« Ein älterer englischer Militärgeistlicher äußerte: »Dieser Deutsche hat für das Beste der Briten in Indien mehr getan als ein Dutzend der tüchtigsten unter uns Kaplänen!«

Hebich persönlich bekannte über den fast 25 Jahren seines ununterbrochenen Missionarsdienstes: »Mit meinem Laufen und Rennen ist es nicht getan! Mein eigenes Heil hängt immer wie nur an einem seidenen Faden. Jesus, unser großer Herr, ist der Anfänger und Vollender unseres Glaubens!«

Heimkehr

Wegen eines Leberleidens, das sich zusehends verschlimmerte, musste Samuel Hebich rasch sein geliebtes Malabar verlassen. Am 18. September 1859 reiste er vom indischen Kontinent ab. In den Weihnachtstagen traf er im Basler Missionshaus ein. Ein einflussreicher Freund der Basler Mission hatte geraten: »Die Comité möge dafür sorgen, dass Hebich nirgends Gras unter den Füßen wachse. Eine Zeit lang kann der liebe Alte beste Arbeit an einem Ort ausrichten. Aber dann soll er weiterziehen, bevor er sich mit den Pfarrern in die Haare gerät. Seine Erweckungsgabe ist ungewöhnlich. Aber zu einer längeren Betreuung taugt er nicht; es wäre ihm auch vermutlich nicht wohl dabei. Ist jemand einfältig im besten Sinn des Wortes und ohne Kritikgeist, so kann er sich des lieben Alten mit Haut und Haar freuen. Ergibt man sich aber dem Kritisieren, so nimmt's kein Ende. Er ist eben eine zu seltsame Erscheinung. Besonders Leute, die auf guten Geschmack Wert legen, werden bald eine Antipathie gegen ihn bekommen. Aber für andere ist er eine helle Posaune, die Schlafende und Tote aufweckt!«

Welch weise Beurteilung! Bei all den Verkündigungswochen, die Hebich dann in der Schweiz hielt, gab es geistliche Aufbrüche samt neuem Interesse an der Mission. Es gab aber auch – besonders in Basel – heftigste Kritik, ja öffentlichen Widerstand. Hebich hatte eben die Gabe, die Gewissen zu wecken. Das war manchen Mitchristen ärgerlicher als seine Kraftausdrücke, auch ärgerlicher als sein manchmal mangelhaftes Deutsch und als seine selbstsicheren Urteile.

Eine spätere Bibelschullehrerin berichtete:»Ich hatte zu Hebichs Vorträgen eine Bekannte eingeladen, die sich bisher wenig um Kirchliches gekümmert hatte. Beim Abholen erschrak ich, weil sie einen weit ausladenden auffallenden Federhut nach neuester Mode auf dem Kopf hatte. Sicher würde Hebich bei seiner Ansprache einiges Kritische zur Putzsucht der Frauen sagen und dabei meine Begleiterin fixieren. Aber dann wurde ich auf ganz andere Weise erschreckt. Nämlich als Hebich mitten im Vortrag sagte: ›Da sitzest du nun auf deinem Platz und hast immer Angst, dass deine Nachbarin etwas abkriegt wegen ihres großen Hutes. Aber du denkst nicht daran, dass du es nötig hast, dass dein Gewissen geweckt wird!«

Unermüdlich zog Hebich durch die Lande, besonders durch Württemberg. Insgesamt fast neun Jahre lang. In seiner Heimatstadt Ulm bekam er eine Abfuhr. Jedoch in Stuttgart war 15 Tage lang die Leonhardskirche bis zum letzten Stehplatz gefüllt. Die Geschäftsfrau und Missionsfreundin Charlotte Reihlen hatte dem Missionar gastlich ihr Haus geöffnet. Er schaltete und waltete jedoch darin so selbstherrlich, dass Frau Reihlen bekannte: »Ein nächstes Mal würde ich ihn nicht mehr einladen!«

Deshalb besorgten ihm Stuttgarter Freunde ein kleines Haus an der Hasenbergsteige. Sie fanden auch eine warmherzige Christin, die bereit war, für den alten Missionar zu sorgen, ihn eventuell sogar zu heiraten. Hebich jedoch machte die Sache auf seine Weise klar. Er besuchte die Frau und ohne weitere Einleitung fragte er barsch, als sie die Tür geöffnet hatte: »Willst du mich heiraten?« – »Nein, niemals«, war die Antwort der erschreckten Frau. – »Gut, das bringt die Sache in Ordnung!« Mit diesen Worten verließ Hebich stürmisch ihr Haus.

Kuraufenthalte in Bad Ditzenbach und Bad Mergentheim brachten dem Leberleidenden immer wieder Stärkung. Besonders anstrengend waren für ihn Vorträge während der Londoner Weltausstellung (1862). Darum lehnte Hebich die Pläne der Basler Comité ab, in England einen dauerhaften Dienst zu übernehmen. Vielmehr bat er um Pensionierung. Das gab ihm Freiheit zu weiterem Vortragsdienst. So trat er Ende 1866 nacheinander in 51 badischen Kirchen auf. Dabei weckte er viel schlafenden Glauben, aber auch neue Liebe zur Mission. »Ich fühle, dass ich alt werde. Meine Vorträge greifen mich jetzt mehr an als früher«, so ließ er im April 1868 die Freunde in Basel wissen. Dem Brief waren beinahe 400 Gulden für »indische Reiseprediger« beigefügt.

Am 6. Mai 1868 musste sich Hebich in seinem Stuttgarter »Häusle« mit Leberschmerzen legen. Als Freunde dem Leidenden abends die Füße wuschen, sagte der Kranke: »Das sind liebe Füße. Sie haben mich

43

auf langen Wegen getragen. Sie haben Frieden gebracht in die Nähe und in die Ferne!« Seinen letzten Brief, den er vom Krankenlager aus diktiert hatte, unterschrieb er noch eigenhändig mit »Samuel Hebich, ein Zeuge Jesu Christi«. Am 21. Mai 1868, einem Himmelfahrtstag, öffnete er noch einmal die Augen und sagte mit leuchtendem Blick: »Nicht wahr – Malabar!« Kurz darauf starb er. Am darauf folgenden Sonntag begleitete eine große Menschenmenge den Sarg Hebichs auf den Friedhof in Korntal. Dort, in dem Begräbnisgarten des Volkes Gottes, hatte er bestattet sein wollen – ohne große Ansprache, nur mit einem kurzen Gebet.

Eines der Gebete, die er selbst gesprochen hat, lautete:

Lieber Vater,

ziehe uns alle zu deinem lieben Sohn.
Nur in ihm ist Leben. Das hast du selbst bezeugt.
Mache uns dein vom Heiligen Geist geschriebenes Wort deutlich.
Lass uns in Jesus erkennen, dass nur in ihm Heil ist.
Nur in ihm können wir erlöst werden von der Macht der Sünde.
Gieße deinen heiligen Geist der Liebe in uns aus,
dass wir dich und die Geschwister lieben können –
ja auch die verlorene Welt lieben können um deines Sohnes Jesus
willen. Lass nicht zu, dass wir unsere eigene Seele betrügen.
Wir wollen doch nicht wähnen, wir dienten Jesus,
aber gehorchen dann doch der Sünde.
Du hast doch dazu Jesus zu uns gesandt,
dass wir in ihm neues Leben und Frieden haben sollen.
Wirke an uns durch deinen Heiligen Geist,
der alle Menschen regiert, die Christus gehören.

Amen.

Friedrich Traub (1834–1868)

Indienmissionar aus Korntal

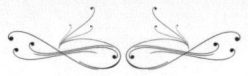

Eine neue Heimat in Korntal

Der Erdhügel über dem Korntaler Grab des Indienmissionars Samuel Hebich hatte sich noch kaum gesenkt, da wurde in einem der Nachbargräber wieder ein Basler Indienmissionar bestattet. Es war der gerade erst 34 Jahre alt gewordene Johann Friedrich Traub (30.07. 1834 – 27.10.1868). Nur neun Jahre zuvor war dieser junge Korntaler im Korntaler Großen Saal zum Missionsdienst eingesegnet worden, um nach Indien entsandt zu werden. (Dieser »Indienmissionar« Traub darf nicht verwechselt werden mit dem auch jung verstorbenen Korntaler Chinamissionar Friedrich Traub [1873–1906], genannt »Friedrich Traub, der Jüngere«.)

Johann Friedrich Traub war geboren worden auf dem Lehrhof, der zwischen Steinheim und Rielingshausen im Amt Marbach liegt. Er war drittältester Sohn des Landwirtes Jacob Friedrich Traub und seiner frommen Ehefrau Justina, geb. Laitenberger. Der Vater von sechs Kindern starb schon 1842. Noch in der Trauerzeit muss Friedrich Traub zusammen mit den Seinen ein ganz besonderes Eingreifen Gottes erlebt haben. Es hing vermutlich mit dem Sterben der jungen Schwester Magdalene zusammen. Damals »hat Gott an uns allen zu wirken angefangen«, so umschreibt Traub das Erfahrene, ohne Einzelheiten zu nennen.

Die auf Gottes Hilfe vertrauende Mutter suchte für sich und ihre Kinder eine neue Heimat. Zuerst zog sie auf den Hinteren Birkenhof. Von dort stammte sie. Schon bald jedoch brach sie erneut auf. Es zog sie nach Korntal. Die Gemeinschaft mit anderen Christen und das rege geistliche Leben der Brüdergemeinde sollten für sie und ihre sechs Kinder bergende Heimat werden.

Friedrich besuchte die Korntaler Dorfschule. Dort wurde er geprägt von dem frommen Lehrer Johann Friedrich Maier. Während der Konfirmationsvorbereitung machte Pfarrer Staudt einen tiefen Eindruck auf ihn. Dieser Korntaler Ortspfarrer weckte in Friedrich auch die Liebe zur Weltmission. Im Frühjahr 1852 sandte der Achtzehnjährige, der bis dahin der Mutter in der kleinen Landwirtschaft geholfen hatte, seine Bewerbung an die Comité der Basler Mission.

Die so heiß ersehnte Antwort blieb jedoch lange aus. Denn in jenen Monaten machte der neue Basler Missionsinspektor Joseph Josenhans eine lange Inspektionsreise durch das indische Missionsgebiet. Er aber hatte in allen Missionssachen das letzte Wort, auch in der Entscheidung über Aufnahmen. Eigentlich hatte Friedrich schon alle Hoffnungen begraben, in die Basler »Voranstalt« aufgenommen zu werden. Schließlich brachte ein Missionskandidat aus Basel die erfreuliche Kunde »Aufgenommen!« mit. Erst später lieferte dann auch die Post die offizielle Mitteilung aus.

Basel

Zwei Jahre lang (von August 1852 bis Juli 1854) besuchte Friedrich Traub die Voranstalt des Basler Missionsseminars. Sie diente der Allgemeinbildung. Schon damals machten sich Mitschüler Sorgen, weil Friedrich in fanatischen Lerneifer geradezu verbohrt zu sein schien und in eine fast schon bigott zu nennende Gebetspraxis. Das jedoch war und blieb das Besondere an Friedrich Traub, dass er sich angewöhnt hatte, seinen ganzen Tageslauf »vor Gott« zu leben und im Gebet zu bedenken. Die uns erhaltenen Tagebücher verzeichnen in gestochen scharfer Schrift die täglich aus dem Herzen formulierten, an Gott gerichteten Gebete. In diesem betenden Gespräch mit Gott wurde Friedrich immer mehr frei von ängstlicher Gesetzlichkeit. Vielmehr wuchs er hinein in eine vertraute Verbundenheit mit dem gnädigen Gott. Er fing sogar an, das brüderliche Zusammensein mit den anderen jungen Zöglingen aus Baden, der Schweiz und dem Elsass zu genießen und unter ihnen Freunde zu gewinnen.

Im Herbst 1854 trat er in die eigentliche Seminarausbildung ein. Mit unwahrscheinlichem Eifer versuchte er, den hohen Anforderungen gerecht zu werden. Dabei überforderte er sich. Nach Wochen des Unwohlseins nötigte ihn ein schleichendes Schleimfieber, die Ausbildung zu unterbrechen, um zu Hause in Korntal Heilung zu suchen. Eigentlich hätte ja schon damals dieser schwere Krankheitsausbruch erkennen lassen können, dass Friedrich doch »recht schwach auf der

Brust« war. Aber Traub versuchte es immer wieder, diese Schwäche auszugleichen durch energische Entschlossenheit und auch durch unerschütterliches Gottvertrauen.

Erst im Herbst 1856 konnte Friedrich die Studien fortsetzen. Er musste dazu in die nachfolgende Jahrgangsklasse einrücken und auch viel Versäumtes nacharbeiten. Außerdem übernahm er zusammen mit anderen Missionszöglingen missionarische Verkündigungsdienste in und um Basel. In der Gemeinde St. Jacob betreute er einige Jahre lang eine Sonntagschulgruppe von Kindern aus der Siedlung armer Fabrikarbeiter. Außerdem gehörte er zum Sprecherkreis der Erbauungsstunde in der St. Albangemeinde.

Unerwartet rasch, eigentlich ganz plötzlich kam dann die Aussendung nach Ostindien. Dieses »junge« Missionsfeld war zum Schwerpunkt der Basler Missionsaktivitäten bestimmt worden; denn die englische Kolonialregierung hatte auch nicht-englische Missionsgesellschaften zum Einsatz in Indien zugelassen. Das hatte den Weg frei gemacht für eine von Basel aus strategisch straff organisierte Missionsarbeit im Südwesten des indischen Subkontinents. Dort, so hatte es Missionsinspektor Dr. Hoffmann formuliert, hatte das Christentum sich »seinem mächtigsten Feind zu stellen«, nämlich dem religiösen Synkretismus, der Vermischung verschiedener Religionen.

Außerdem hatte die Missionsleitung gehofft, der Einsatz in Indien würde nicht so viele Opfer fordern wie die bisher getane Arbeit in der Region der Goldküste, also des heutigen Ghana. Diese war verseucht vom meist todbringenden Schwarzwasserfieber. Ihm waren viele Missionare und ihre Familien erlegen. Dass jedoch auch das indische Missionsfeld seine Tücken hatte, konnten die Basler Verantwortlichen damals noch nicht absehen. Denn in Indien wurden das ungewohnte Monsunklima und die Ernährungsschwierigkeiten zum Anlass für ein großes Sterben gerade unter jungen Missionsleuten. So waren damals auf den Stationen Mulki und Udipi zwei junge Missionare von heute auf morgen verstorben. Die dadurch entstandenen Lücken mussten rasch aufgefüllt werden. Das war der Grund für die so plötzliche Abordnung von Friedrich Traub nach Indien.

Missionstragödien! Die dem Missionar Kammerer zugedachte Braut war zu gleicher Zeit wie Friedrich Traub nach Indien unterwegs. Es war die Gerlinger Lehrerstochter Louise Däuble (1835–1914). Als sie – nach langer Seereise um das Kap der Guten Hoffnung – schließlich an der indischen Küste ankam, konnte man sie nur noch an das frische Grab des ihr eigentlich zugedachten Bräutigams führen. Die Basler Mission entschloss sich jedoch, die begabte Schwäbin als Lehrerin im Waisenhaus und in der Katechistenschule Mangalore einzusetzen. Dort wirkte auch der württembergische Theologe August Finckh. Er war 1831 in Calw geboren worden. Das württembergische Konsistorium hatte ihn zum Missionsdienst freigestellt. Nachdem die Comité in Basel auch für Finckh und Louise Däuble die erbetene Heiratserlaubnis erteilt hatte, schlossen sie die Ehe. 1865 reisten sie zusammen mit ihrer Tochter Selma zum Erholungsurlaub nach Europa.

Der während der Heimreise immer schwächer werdende Missionar Finckh starb jedoch am 17. Februar nach einem Schlaganfall. Den hatte er auf dem Schiff in der Nähe von Korfu erlitten. Wegen der Nähe zur Insel durfte die Leiche nicht ins Mittelmeer versenkt werden. Jedoch erbot sich der deutsche Konsul von Korfu, die Bestattung zu besorgen. Die musste allerdings dann ohne die junge Witwe stattfinden. Zehn Jahre später war Frau Finkh-Däuble bereit, den schwer krank nach Korntal heimgekehrten Afrikamissionar Johannes Rebmann zu pflegen und dann auch zu heiraten. Allerdings verstarb auch dieser Ehemann nach kurzer Zeit. Missions-Schicksale!

Nach Indien entsandt

Die im Tululand (an der Malabarküste nördlich von Mangalore) entstandenen Lücken sollten mit den frischgebackenen Missionaren Friedrich Traub und Rudolf Hartmann aufgefüllt werden. So hatte es die Basler Missionsleitung bestimmt. Das geschah noch in den nachweihnachtlichen Tagen des Jahres 1858.

Geradezu hektisch ausgefüllt waren dann die folgenden Tage: Packen, Abreise von Basel nach Württemberg zur Verabschiedung von der Familie. Die Ordination wurde am 6. Januar 1859 in Esslingen vollzogen, die Aussendung geschah am 9. Januar im Korntaler Saal und danach auch noch im Korntaler Jünglingsverein. Am 12. Januar wurden die beiden Missionare noch einmal in Basel vor der versammelten Comité feierlich zu absolutem Gehorsam und zu »vertrauensvoller Korrespondenz« verpflichtet. Schließlich hatte die Basler Missionsleitung die Nase voll vom Einzelgängertum indischer Pioniermissionare (gemeint waren etwa Hebich, Mögling, Greiner und Dr. Gundert). Denn dadurch waren unnötige Rivalitäten und Spannungen zwischen Basel und dem indischen Missionsfeld provoziert worden. Darum ließ es sich sogar der würdige und gestrenge Herr Missionsinspektor Josenhans nicht nehmen, die Auszusendenden noch einmal dringlich persönlich an ihre Verpflichtungen zu erinnern. Endlich erfolgte dann am 15. Januar 1859 die Abreise vom französischen Bahnhof Basel in Richtung Marseille.

Der tiefgläubige, aber noch keineswegs welterfahrene junge Friedrich Traub nahm mit offenen Augen die vielen Eindrücke einer für ihn völlig neuen Welt auf. Beispielsweise das Häuser- und Menschenmeer der französischen Großstädte, die Macht der katholischen Kirche, die derben Späße der Matrosen, die Vielfalt der Schiffsmahlzeiten, die erschreckende Armut in den Vorstädten von Kairo, die überlegene Art englischer Snobs. Über das alles schrieb Friedrich Traub in seinem Tagebuch, das er trotz oft rauer See exakt führte. So konnte er nach der vier Wochen dauernden Reise (man musste ja damals noch von Alexandrien mit der Bahn nach Suez fahren, da der Kanal noch nicht fertig gestellt war) von Bombay aus einen Brief voller Reiseeindrücke nach Hause schicken. Darin wurde auch berichtet von Missionar Isenbergs Arbeit unter aus der Sklaverei befreiten afrikanischen Kindern in Bombay. Erzählt wurde außerdem von der Begegnung mit der couragierten Missionarsbraut Louise Däuble, die auf dem Weg um Afrika herum nach Indien gelangt war.

Anschaulich, ja sogar humorvoll beschrieben ist ferner die sich so lange hinziehende Reise nach Mangalore. Das einheimische Boot segelte langsam die Küste entlang nach Süden, meist von der Küstendünung hin und her geworfen. Der oft seekranke und auch sonst häufig schläfrige Koch brachte kein rechtes Essen zustande. So kochte meist Friedrich Traub mit Hilfe von Louise Däuble trefflich mundende schwäbische »Knöpfle« (Urform der »Spätzle«, der schwäbischen Nudeln), und das »Tag um Tag«. Endlich, endlich – man spürt dem Tagebuch und dem aus Udipi geschriebenen Reisebericht das Aufatmen ab – kam dann die Ankunft in Mangalore!

Die Neuankömmlinge wurden von einer ganzen Schar von Missionaren begrüßt, darunter Hauff, Pfleiderer, Bührer, Plebst, Hunziker, Schoch, Finckh, Haller. Besonders herzlich grüßte Traubs Leib- und Magenfreund Missionar J. J. Briegel.

Mangalore an der Malabarküste war *der* besondere Stützpunkt der Basler Mission in Indien. Auf dem Balmatha-Hügel standen die Wohngebäude und das zentrale Katechistenseminar. Überhaupt war die Schulbildung ein Schwerpunkt der Basler Missionsarbeit. Das Modell der Rettungsanstalt Beuggen bei Basel war nicht nur in Mitteleuropa vielfach übernommen worden (etwa in Korntal und Wilhelmsdorf, in Stuttgart, Kirchheim/Teck, Lichtenstern, auf dem Tempelhof und in Winnenden). Sondern dieses Modell pädagogischer Diakonie war auch nach Mangalore und in den ihm benachbarten Ort Mulki »exportiert« worden. (1862 wurde die Knabenanstalt in Udipi neu aufgebaut; die Mädchenanstalt wurde damals von Mangalore nach Mulki verlegt.)

In Mulki wurden die beiden Neu-Missionare Traub und Hartmann – nach einem scharfen und anstrengenden Ritt am Meeresstrand entlang – von den Knaben des Missions-Waisenhauses begrüßt. Sie sangen dazu geistliche Lieder in der Tulu-Sprache. Doch auch deutsche Gesänge gehörten zum Empfangsrepertoire, wie etwa »Wo findet die Seele die Heimat, die Ruh«, vor allem aber »Die Sach ist dein, Herr Jesu Christ«. Dann zündeten die Schüler Fackeln an und geleiteten die Neuankömmlinge zu den Missions-Bungalows.

Danach begann der harte Missionsalltag in Udipi, wohin Friedrich Traub zusammen mit seinem Freund Briegel bestellt worden war.

Beschwerlicher Anfang

Die erste große Hürde war das Erlernen der Tulu-Sprache mit ihren seltsam klingenden Lauten und mit ihren gänzlich fremdartigen Grammatikregeln. Friedrich Traub war als Sprachlehrer ein nicht-christlicher »Munschi« zugeteilt worden. Leider erwies sich der jedoch als unzuverlässig. Immer wieder pochte er auf Feiertage und andere Unterbrechungen. Hier begegnete der junge Missionar schmerzhaft der geradezu »normalen« indischen Unzuverlässigkeit. Sie machte ihm auch im Umgang mit Handwerkern viel zu schaffen. Fast verzweifelt berichtete er davon, wie er einen Vormittag lang neue Knöpfe an seine Hemden nähen musste. Denn die indischen Wäscher hatten mit ihrer Waschmethode richtig »unbarmherzig« alle Knöpfe zerschlagen. »Warum sind denn unsere indischen Christenfrauen so arbeitsscheu?«, so fragte er traurig, weil er wähnte, wenigstens sie würden die nasse Wäsche nicht gegen Steine schlagen, sondern sorgfältig auswringen.

Doch auch Enttäuschungen überwand Friedrich Traub im Gespräch mit Gott: »O mein Gott, wie viel öfter warst du doch sicher über mich enttäuscht!«, so konnte er dann beten. Friedrich Traub warf also nicht die Flinte ins Korn. Immer wieder betete er: »O Herr, schenk mir die Sprachengabe!« Zum Erstaunen seiner Missionarsbrüder war er dann schon nach einem halben Jahr in der Lage, auf Tulu eine Andacht zu verlesen. Er riss sich darum, den bewährten alten Heidenprediger Amann auf einer Predigtreise lernend und sogar assistierend begleiten zu dürfen.

Ernüchternd war es für Friedrich Traub, die Wirklichkeit der kleinen und armseligen Christengemeinden kennen lernen zu müssen. Wie klein war das Häuflein von Getauften und von Taufbewerbern in Udipi! Sie fanden Platz im größten Raum des Missionsbungalows. Drüben aber, in der Mitte der Stadt Udipi mit ihren achttausend Bewohnern, standen hoch aufgerichtet die finsteren Götzentempel und die mit Mönchen dicht besetzten Hindu-Klöster. Wie unzuverlässig waren außerdem die meisten dieser Christen, wie anfällig für alle Arten von Versuchungen! Wie viele Unterschlagungen gab es, wie viele Fälle von Ehebruch! Wie oft hatte er den Eindruck, die meisten von ihnen hätten sich nur deshalb taufen lassen, um von den Missionaren durchgefüttert zu werden. »O Herr!«, so klagte Traub im Gebet, »wie langsam durchdringt dein Evangelium die Völkermasse!« Er versuchte sich als Dichter an einem Lied, das mehr Bekenntnis als Lied war: »Blick, o Jesu, huldreich auf mich nieder«. Allein »die Dichter-Ader in mir wollte nicht recht springen«! Der junge Missionar litt auch darunter, dass die in Basel konzipierte Gemeindeordnung geradezu »durchgedrückt« werden sollte Sie war sicher gut gemeint, passte aber mit der Wirklichkeit der indischen Gemeinden nicht zusammen.

Denn diese Realität von »Gemeinde« erlebte Traub hautnah. Er scheute sich nämlich nicht, die Ärmsten und sogar die Verkommensten unter den nur nominellen Gemeindegliedern aufzusuchen. Er versuchte, ihre Streitigkeiten zu schlichten. Und wenn es galt, deren Alltagsnöte wenigstens ein wenig zu erleichtern, packte er selbst mit an.

Friedrich Traub hatte jedoch auch keine Bange davor, mit Vertretern der hochstehenden Brahmanenkaste religiöse Gespräche zu führen, mindestens so viel ihm die erst mühsam erworbenen Sprachkenntnisse dies zuließen. Friedrich Traub »brannte« für die Aufgabe, das Evangelium als Einladung »in die Gnade des Christus Jesus« weiterzugeben. Darum – das machen die Stoßseufzer in seinem Tagebuch deutlich – litt er ganz besonders darunter, dass er so wenig wirkliches Verlangen nach göttlicher Gnade erkennen konnte, noch nicht einmal bei den getauften Christen.

Besonders belastend war es jedoch für Friedrich Traub, dass seine körperlichen Kräfte schon bald am Ende waren. Die Aufgaben in Udipi – zur Unterstützung des dortigen Missionars Männer – und die Betreuung der Außenstation Gudde hatte seine Gesundheit untergraben. Dazu kam das ungewohnte Monsunklima. Bereits im März und April 1860 brauchte er eine »Auszeit«. Aber auch danach fühlte er sich elend. Die Stationskonferenz der Missionare schickte ihn deshalb für einen Monat in die Bergluft der Ghats. Aber selbst dadurch kam es zu keiner Kräftigung. Höchstens wurden – wie sein Freund Briegel berichtete – »die schlimmsten Schwächezustände geflickt«.

Wegen der nicht aufhörenden ruhrartigen Durchfälle entschied 1861 Missionar Mörike (damals Präses der Generalkonferenz der Missionare): »Fritz« (so kürzten die Missionare Traubs Namen ab), »du gehörst auf die Blauen Berge!«

Die Erholungszeit in der guten Luft dieser weit entfernten Nilgiri-Berge und das Zusammensein mit ermutigenden Mitchristen stärkten Friedrich Traub so sehr, dass er – geradezu ungeduldig – im Herbst endlich der Malabar-Küste zusegeln konnte, um wieder die Arbeit in Udipi und Gudde aufzunehmen.

»Wir verlangen keine Ruhe!«

Friedrich Traub lebte mit den Chorälen des damals »neuen« württembergischen Gesangbuches (von 1842). Neben der Bibel waren sie Grundlage für seine täglichen Andachten. In einem dieser geistlichen Lieder, nämlich in »O Durchbrecher aller Bande« von Gottfried Arnold, heißt es:

> Wir verlangen keine Ruhe
> für das Fleisch in Ewigkeit. …
> Nun wohlan, du wirst nicht säumen,
> lass uns nur nicht lässig sein!

Nach diesem Motto lebte Friedrich Traub.

Mit besonderer Vorliebe sang er immer wieder die Verse von Philipp Friedrich Hiller:

> Ihr Pilgrime auf Erden,
> wenn Trübsal auf uns dringt,
> lasst uns nicht müde werden,
> bis uns der Lauf gelingt.
> Das Wort dient zur Bewährung:
> Dass die Geduld Erfahrung,
> Erfahrung Hoffnung bringt. –

Herr, lass es dir gefallen,
weil du so gnädig bist:
dass ich hier möge wallen
als ein versuchter Christ.
Letzt gib mir die Erfahrung
zu deiner Offenbarung,
wie wohl uns bei dir ist!

Es schmerzte Traub, dass er gleich zu Beginn des Jahres 1862 die ihm so lieb gewordenen Gemeinden Udipi und Gudde für einige Zeit verlassen musste. Aber »Befehl war Befehl«! Die Stationskonferenz forderte seinen Einsatz in Mulki. Der dortige Ortsmissionar war zu einer Predigtreise in den Norden entsandt worden. Neben Hausbesuchen in den Eingeborenenhütten und den Predigtaufgaben in Mulki sah Traub eine Hauptaufgabe in der Begleitung der Waisenknaben.

Traub hatte eine ausgesprochene Gabe, das Vertrauen von jungen Menschen zu gewinnen. Das wurde besonders dann deutlich, als er wieder nach Udipi zurückkehren konnte. Nach dem Vorbild seines Korntaler Konfirmators Staudt hielt nun Traub auch in Udipi einen überaus gründlichen und auch seelsorgerlich geprägten Unterricht für Konfirmanden. Eine Frucht davon war später ein fähiger indischer Katechist. Zeit seines Lebens sprach dieser indische Gemeindeleiter dankbar von »seinem« Lehrer Traub.

Friedrich Traub konnte zu jener Zeit endlich wagen, das Evangelium großen Scharen von indischen Hindus zu verkündigen. Dazu trat er zusammen mit seinem Freund Missionar Briegel bei Festen nahe gelegener Wallfahrtsorte auf, so wie dies einst schon der mutige Indien-Pioniermissionar Samuel Hebich getan hatte. Briegel berichtete:

»Vier Stunden östlich von Udipi liegt der berühmte Tempel von Perdur. Dorthin zogen wir miteinander und fanden Tausende versammelt. Mehrere Tage lang konnten wir ungestört großen Scharen von meist aufmerksamen Zuhörern das Wort vom gekreuzigten Jesus verkündigen. Lebhaft erinnere ich mich noch, wie sich Friedrich von mir trennte, weil wir mit unserer Stimme unmöglich alle in der großen Menge erreichen konnten, die sich um uns geschart hatte. Jeder von uns predigte also an einem besonderen Ort. Als ich endlich erschöpft zu Friedrich kam, fand ich ihn von Erschöpfung zitternd, aber immer noch so mit letzter Kraft predigend, dass ich Sorge hatte, ich müsse ihn wohl heimtragen. Friedrich kehrte aber nur dankbar in unser Rasthaus zurück: ›Ich habe sein Heil anpreisen können!‹, so sagte er so glücklich.«

Im Herbst begab sich dann Friedrich mit Missionar Bührer und mit dem in Basel ausgebildeten Inder Hermann Kaundinja nach dem berühmten Wallfahrtsort Subramanja. Dort strömten aus allen Gegenden des Landes Unmengen zur Anbetung des Schlangengottes Subra. »Meist wälzen sie sich, um ihre Gelübde abzuleisten, auf dem Boden dem Wallfahrtsort entgegen«, so schrieb Briegel. Dort von Jesus sagen zu können, bedeutete für Friedrich Traub, das Ziel seines Lebens erreicht zu haben. Solange er überhaupt konnte, missionierte er in Basaren und auf Festen, die zu Ehren der heidnischen Götter stattfanden. Dazu wusste er sich berufen, Menschen zu Jesus einzuladen und in der Gemeinschaft mit Jesus zu befestigen.

Dafür setzte er alle Kraft ein, dafür gab er das Letzte an Bequemlichkeit dran, als er (von Herbst 1862 bis Herbst 1865) neben dem Einsatz in Udipi noch zusätzlich die Außenstationen Gudde, Balmara, Shirwa und Katangeri versorgte. Meist waren diese Orte nur zu Fuß zu erreichen – und das mehrere Stunden lang in Hitze oder in strömendem Regen. Erst gegen Ende dieser aktiven Missionarszeit konnte er das Pferd des verstorbenen Missionars Amann übernehmen.

In jenen Jahren spürte Friedrich Traub Familien auf, die bereit waren, zum Christentum überzutreten. Er hatte die große Sorge, dieser Wunsch könne nur »äußerlich aufgeklebt« sein. Deshalb entschloss er sich, mit diesen Familien in nahezu engster Gemeinschaft zu leben. Er wohnte in einer primitiven Hütte, von ihm »Holzställchen« genannt. Der Raum war so klein, dass jeweils abends das zusammenklappbare Feldtischchen vor die Tür gestellt werden musste. Nur so konnte Platz geschaffen werden für die »Feldbettlade«. Morgens musste dann das Feldbett wieder vor das Hüttchen gestellt werden. Auch die Kost war, wie der Freund Briegel berichtet, »gar zu gering und völlig unzureichend«. Nur hie und da konnte Traub etwas Hühnerfleisch und Milch bekommen. »Meist musste sich Friedrich mit einer Brotwassersuppe begnügen. Sich mehr Getränk zu beschaffen, schien Friedrich zu kostspielig.«

Leider gelangten falsche, mindestens aber ungenügende Informationen über Traub nach Basel. Der Basler Inspektor Josenhans ließ darum Traub die Rüge zukommen: »Offenbar fehlt es Dir an tüchtigerer Anstrengung der Kraft!« Traub bemerkte dazu in seinem Tagebuch: »So gefasst scheint mir das zwar nicht richtig. Aber mein ›alter Adam‹, der sich selbst rechtfertigen will, muss sterben!« So stellte er die Sache seinem Gott anheim. Staunend hat er dann erlebt, wie Gott in dieser Sache eingegriffen hat. Ohne Traubs eigenes Zutun klärte sich in Basel das Ganze als Missverständnis auf. Diese Erfahrung war Traub wichtiger als die Anfrage seines Konfirmators Staudt, ob er ihm denn nicht endlich eine Frau vermitteln sollte.

Traub hatte jedoch, wie er seinem Tagebuch anvertraute, keinen »starken Zug zur Ehe«. Aber er sah seinen zukünftigen Platz in der Gemeindearbeit. Dabei würde ihm eine Ehefrau »eine rechte Gehilfin« sein. Sie könnte ihm vor allem helfen, »weder zu geschäftig noch zu gleichgültig« zu sein. Mitten in die Überlegungen hinein kam am 7. Dezember 1864 die überraschende Mitteilung: Der Bruder Jacob Traub habe stellvertretend für ihn – und ohne ihn gefragt zu haben – »um die Hand der Jungfrau Ernestine Schmid aus Winnenden angehalten«. Sie war, vermutlich von dem auch in Missionars-Ehevermittlung bewährten Korntaler Gemeindepfarrer Staudt ausgespäht, eine geradezu ideale Missionarsbraut. Sie war in der Winnender Taubstummenanstalt Paulinenpflege als Tochter des Schulmeisters und Hausvaters Gottlieb Schmid (1799–1871) aufgewachsen. Sie war also vertraut mit selbstlosem, opferbereitem Anstaltsleben.

Die Mitteilung aus Korntal bewegte Friedrich zu dem Gebet: »Das walte der treue und barmherzige Gott um Jesu willen, Amen, Amen! Führe mir *die* Person zu, die dein Erbarmen und deine Huld nach deinem ewigen Plan mir ersehen hat, welche mir allseitig eine Hilfe ist und der auch ich in Wahrheit leiblich und geistlich zum Wohl und zum Leben behilflich sein kann.«

Dies dankbar-demütige Gebet des jungen Missionars kann uns Heutigen helfen, die damalige Praxis der »Missionsbräute« sachgemäß zu beurteilen. Heute wird oft so überheblich diese Praxis abgetan. Dabei wird vergessen, dass damals noch viele Ehen durch die Eltern geschlossen wurden, ohne dass die Brautleute einander bekannt waren. Vor allem waren aber jene Missionare davon überzeugt, dass – weil »Ehen im Himmel geschlossen werden« – Gott »nach seinem ewigen Plan« Bräutigam und Braut gezielt füreinander bestimmen oder füreinander geeignet machen kann. In diesem Gottvertrauen wurden die meisten der Missionarsehen dann auch wesentlich glücklicher als nicht wenige der heutigen vermeintlichen »Liebesehen«.

Im April 1865 konnten in einer großen Feier, an der auch eine ganze Reihe benachbarter Missionare teilnahm, die 13 »Erstlinge« von Shirwa getauft werden. In jenen Tagen geschah es, dass die Nachricht eintraf: »Ernestine Schmid hat ihr ›Ja‹ zur Verlobung gegeben!« Die Freude darüber wurde jedoch dadurch etwas gedämpft, dass Friedrichs Kraft offensichtlich wieder einmal »stark reduziert« war.

Am 1. November 1865 traf die Basler »Reisekarawane« mit einigen neuen Missionaren und Missionsbräuten in Mangalore ein. Frau Ernestine Schmid berichtete in einem anschaulichen Brief: wie das Dampfschiff ankerte, wie sie alle beim Ausschiffen von der Brandung durchnässt wurden, wie sie zum ersten Mal ihren zukünftigen Mann traf und kennen lernte, wie sie die ersten Spaziergänge mit ihm unternahm, wie beschwerlich das Schaukeln der Sänfte auf der Reise war und wie sie in Mulki empfangen wurden. Sie schilderte die »liebreizenden Kinder der Mädchenanstalt«. Unter ihnen sollte sie mit ihrer Erfahrung als Haus-Mutter und als Lehrerin wirken.

Zusammen mit dem Brautpaar Hartmann wurde dann in Udipi eine Doppeltrauung (10. November 1865) gefeiert. Der Trautext war Johannes 15,16: »… ich habe euch erwählt und bestimmt, dass ihr hingeht und Frucht bringt und eure Frucht bleibt!« Die Freude des

Empfangs und des Hochzeitstages war allerdings stark beeinträchtigt durch den Gesundheitszustand der Brautleute. Traub schrieb in sein Tagebuch: »Der Schnupfen meiner lieben Braut ist noch nicht besser; auch ist mein Husten noch lange nicht weg. Dennoch hat uns der Herr recht vergnügt und zu vergnügten Eheleuten gemacht!« Er selbst hatte auf dem Weg nach Mangalore zum ersten Mal stark Blut erbrochen. Das war ein Anzeichen für eine längst vorhandene Lungenerkrankung. Ernestine schrieb an die Ihrigen in der Heimat: »Mein lieber teurer Friedrich tat an mir, was er – wie man so sagt – von den Augen ablesen konnte. Da fühlte ich so recht, mit *wem* ich mich verbunden habe. Er sprach mir Mut zu, betete mit mir und der Herr half über alles Bitten. Das Kopfweh hatte mich fast verlassen.«

Friedrich Traub hatte sofort nach seiner Trauung die Weisung erhalten, mit seiner jungen Frau die plötzlich vakant gewordene Stelle in Mulki zu übernehmen. Dort war das bisher völlig gesund scheinende Missionsehepaar von schweren Tropenkrankheiten so überfallen worden, dass es aus der Arbeit ausscheiden oder mindestens für unbestimmte Zeit beurlaubt werden musste. Bevor jedoch die Eheleute Traub die neuen Aufgaben übernahmen, machte Friedrich seine Frau mit seinen bisherigen Gemeinden in Udipi und in Gudde samt den Außenorten bekannt. Dann aber, im Januar 1866, wollten die Eheleute Traub mit ganzer Kraft und Freude an die Arbeit gehen, vor allem an die Betreuung der Mädchenanstalt Mulki. Deren Schülerinnen waren Anfang Februar 1866 aus den Weihnachtsferien zurückgekommen. Jedoch schon nach vier Wochen musste Friedrich Traub schwer geschwächt nach Mangalore reisen, um den Arzt zu konsultieren und den Rat der dortigen Geschwister einzuholen. Doch da war nicht viel zu überlegen. Eine sofortige Luftveränderung war nötig, eine Erholung im trockenen Oberland von Südmahratta.

Zwar war die Reise dorthin für Ernestine und Friedrich Traub überaus beschwerlich. Aber die Luftveränderung zeitigte rasch Wirkung. Friedrich fühlte sich bald wieder so gekräftigt, dass er versuchte, im Oktober 1866 die Arbeit in Mulki wieder aufzunehmen.

Die letzte Wegstrecke

»Nach schon einem Monat jedoch wurde der Weg wieder dunkler«, so beschrieb der Freund Briegel die Situation. »Eine fröhliche Hoffnung auf Elternfreuden mussten Traubs schon im Dezember bei der Geburt eines Mädchens drangeben. Dies sehnlich erwartete Kind war tot zur Welt gekommen.« Auch Friedrich Traubs Gesundheit brach total zusammen. Eine eventuelle Kräftigung konnte nur noch ein erneuter Erholungsaufenthalt in den »Blauen Bergen« (Nilgiri-Hills) bringen.

In einem anschaulichen, überaus lebendig gehaltenen Brief, der die Begabung dieser außergewöhnlichen Frau Ernestine Traub zeigt, schrieb sie am 5. April 1867 aus dem Bungalow der Missionsstation Käti in den kühlen »Blauen Bergen« (Nilgiris):

»Wie gerne würden wir an der heißen Küste sein, wenn wir nur an der Arbeit stehen dürften! Wir müssen uns eben immer wieder aufs Harren verweisen lassen. Der Herr macht es am besten mit uns, wenn wir's auch oft nicht verstehen können.«

Bis Mai 1867 war jedoch keine Besserung wahrzunehmen. Zwar war Traub bereit, »auf dem Schlachtfeld zu sterben«, wie er gerne geradezu militärisch sagte. Andererseits – so konnte er sagen – »ist es doch löbliche Sitte, Verwundete in die Heimat zu transportieren«. Deshalb richtete er an die Basler Comité die Bitte, rasch nach Europa heimkehren zu dürfen. Er hoffte, in der Heimat dann wenigstens mit einem Teil seiner Kraft noch Verkündigungsdienste wahrnehmen zu können. Die Comité setzte jedoch ihre Hoffnung nach wie vor auf eine Besserung des Gesundheitszustandes. Erst im April des darauf folgenden Jahres 1868 war die Comité bereit, eine Zustimmung zur vorzeitigen Heimreise zu geben, »sofern sich der Gesundheitszustand nicht verbessern, sondern eher noch verschlimmern sollte«.

Dies ganze Hin und Her versetzte den immer schwächer werdenden Friedrich Traub in große Unruhe. Sie ist den spärlichen, nur hingeworfen scheinenden Einträgen im Tagebuch abzuspüren. Friedrich Traub, der sich nur noch in einem Sessel tragen lassen konnte, war nahe daran, enttäuscht zu sein über die sonst ihm so werte Missionsleitung, ja sogar über seinen Gott.

Da wurden seine Frau und er getröstet durch die am 7. November 1867 erfolgte Geburt einer gesunden Tochter Christiane Hanna. Die Eltern schrieben ihren Freunden: »Der Herr hat nun auch in unsere lange Dunkelheit herein seine Freundlichkeit leuchten lassen!«

Friedrich und Ernestine Traub mit ihrer Tochter Hanna

Vor Juli sollten sie eigentlich nicht abreisen, so hatte die Comité beschlossen. Doch Traubs haben diesen Beschluss umgangen, indem sie schon im heißen und schwülen Monat Mai von den Nilgiris in Richtung Calicut aufbrachen. Dort bestiegen sie zusammen mit dem Töchterchen Hanna ein Dampfboot. Ohne in Mangalore Abschied nehmen zu können, fuhren sie nach Bombay. Sie fühlten sich – wie Traub schrieb – »als die Abgesetzten, aber doch nicht Verstoßenen«. Von Bombay aus ging es dann mit dem Schiff durch den Indischen Ozean, das Rote und das Mittelländische Meer. Von Venedig ging es per Bahn über München nach Korntal, wo sie am 20. Juni bei den Ihrigen ankamen.

Über diese letzte Wegstrecke schweigt Traubs Tagebuch. Es schweigt über das Unterkommen im Hause der Mutter, über die Freude des Wiedersehens und über die ersten Hoffnungsschimmer einer Besserung. So ließ Friedrich sich zur Zeit der Weinlese in den Weinberg bringen. Er konnte dort aber nur auf einem Stuhl sitzend den Trauben-Lesern zusehen. Sogar darüber überfiel ihn eine solche Schwäche, dass er von da an meist das Bett hüten musste. Fähige Ärzte wie Obermedizinalrat Dr. Zeller aus Winnenden und Dr. Sick aus Stuttgart konnten nur den ganzen Ernst der Krankheit bestätigen.

Nach einem schweren Blutsturz faltete er die Hände und lispelte lediglich immer wieder »Amen«, bis er dann am Morgen des 27. Oktober 1868, nur 34 Jahre alt, verstarb. Am 30. Oktober wurde er im Korntaler Begräbnisgarten bestattet.

Nur acht Jahre hatte er in Indien verlebt. Schon verhältnismäßig bald war er invalide geworden. Das hatte Friedrich Traub oft belastet. Doch noch mehr dankte er Gott dafür, dass er trotz seiner schwachen Konstitution gebraucht worden war als »Gottes Werkzeug zur Errichtung der hoffnungsvollen Außenstation Shirwa und zur ewigen Rettung von einigen Menschen. Das war ihm zehnfache Gesundheit wert«, so ist in den Aufzeichnungen des Freundes Briegel zu lesen.

So ging es mit den Angehörigen von
Friedrich Traub weiter

Frau Ernestine Traub musste bald nach dem Tod ihres Mannes eine
eigene Wohnung suchen; denn die Schwiegermutter Justina Traub
verstarb im August 1869 (ihr Grabstein ist gut erhalten auf dem Alten
Friedhof in Korntal – gegenüber vom Grab des Ostafrikamissionars
Johannes Rebmann – zu sehen).

Das Tor des Alten Friedhofs in Korntal

1870 siedelte sie deshalb mit ihrer Tochter Hanna nach Esslingen
über, wo sie ihrem Kaufmanns-Bruder Gottlob Schmid das Haus
hielt und auch ihren alten Vater pflegte.

Lebenslang konnte sich die Tochter Hanna an die biblischen
Geschichten erinnern, die ihr der Großvater liebevoll erzählt hatte,
und an den Segen, den er ihr sterbend – im Frühjahr 1871 – gespendet hatte. Die Mutter Ernestine Traub musste sich während einer

Badekur in Berg bei Stuttgart klar werden, ob sie wirklich dem Ruf der Basler Comité folgen sollte, einen weiteren Dienst in Afrika oder Indien zu tun. Die letzte Entscheidung überließ sie jedoch Missionsinspektor Josenhans; ihr selbst fiel die Entscheidung zu schwer. Denn ein Dienst auf dem Missionsfeld bedeutete automatisch eine Trennung von ihrer Tochter Hanna; mit Rücksicht auf die Gesundheit der Missionarskinder hatte die Mission in Basel ein Kinderheim eingerichtet. Die Comité in Basel beschloss im Sommer 1871: »Frau Traub wird nach Indien entsandt, um in ihrer früheren Wirkungsstätte Mulki an der dortigen Mädchenanstalt zu arbeiten.«

Auf der Reise nach Indien erkältete sich Ernestine Traub schon am St. Gotthard. In Genua kam sie mit einer schrecklichen Gesichtsgeschwulst und mit kaum auszuhaltenden Zahnschmerzen an. Den Vorschlag, wieder umzukehren, schlug sie jedoch aus. In angenehmer Reisegesellschaft – nach dem deutschen Sieg von 1871 wurden auch auf dem Schiff die deutschen Passagiere mehr als früher geachtet! – erreichte sie schließlich Ende November 1871 Bombay und von dort aus Mangalore und Mulki.

Der Umgang mit den »lieben Inderkindlein« bedeutete für sie einen gewissen Ersatz für die schmerzliche Trennung von ihrer kleinen Tochter Hanna.

Frau Ernestine Traub lebte sich immer mehr ein in ihre neuen Aufgaben und in die Tulu-Sprache. Da warb – überraschend für Ernestine Traub – der in Mulki tätige, vier Jahre jüngere Basler Missionar Gustav Ritter um ihre Hand. Als sie dessen Werbebrief von Missionar Briegel überbracht bekommen hatte, sagte sie: »So ernst diese Sache auch ist, so muss ich doch jetzt einfach ein wenig lachen. Wie kommt denn auch Missionar Ritter dazu, mich so etwas zu fragen?!«

So schwer ihr – auch im Gedenken an den verstorbenen Mann und an das Töchterlein Hanna – ein »Ja« fiel, so klar war ihr vom ersten Augenblick an, dass sie nicht »Nein« sagen durfte. Sie erbat sich jedoch: »Bis zu einer vollen Zustimmung meiner Angehörigen in der Heimat und bis zu einer Genehmigung durch die Comité soll mein ›Ja‹ geheim gehalten werden!« Aber schon Ende März 1873 traf allseitige Zustimmung aus Europa ein. Die beiden Brautleute wussten sich von Gott zusammengeführt und waren darin glücklich:»Oh, wie schön ist es, zu wissen: Wir sind in seiner Hand!« So schrieb Ernestine Traub glücklich nach Hause. Hochzeit war am 6. Mai 1873. Missionar Ritter hatte in Ernestine – so schrieb Freund Briegel – »eine Gehilfin gefunden, die so ganz für ihn passte und ergänzte. Ernestine hatte nun wieder einen Gatten, an den sie sich anlehnen und der ihr Stütze sein konnte.«

Denn in Mulki lag die ganze Verantwortung auf Ehepaar Ritter. Eigentlich mussten die beiden Tag und Nacht präsent sein. Trotzdem konnte Frau Ernestine Ritter während einer Dienstreise endlich auch die einstige Wirkungsstätte ihres ersten Mannes in Shirwa kennen lernen. Briegel schrieb:»Wie freute sie sich über das Wachstum und die Ausdehnung des dortigen Werks. Sie hatte nun die Freude, manches von der Frucht zu schauen, die ihr seliger Friedrich so treu gesät hatte und für die er so ernstlich gebetet hatte. Auch die älteren Gemeindeglieder von dort, die sie von früher her noch kannten, hatten eine innige Freude beim Wiedersehen.«

Nach dem Jahresfest der Mulki-Anstalt und dann vor allem nach der Rückkehr der Mädchen aus ihrer »Vakanz« fühlte sich Ernestine Ritter auch in der Tulu-Sprache so zu Hause, dass sie eine wöchentliche Betstunde ins Leben rufen und auch manche Hausbesuche in Mulki machen konnte. Kurz vor Weihnachten 1873 jedoch, als sie völlig auf sich selbst gestellt in all den Festvorbereitungen stand, überfielen sie schmerzhaft und rasch schwächend die ersten Anfälle einer schweren Ruhr-Erkrankung. Als »schleichende Seuche« ging die Ruhr damals auch unter den Eingeborenen um. Trotz treuer Pflege durch Ärzte, Freunde, aber vor allem durch den Ehemann, auch trotz mancher Luftveränderung mit Hoffnung auf Besserung verstarb Ernestine Ritter am 6. März 1874 in Mulki. Dort wurde sie auch auf dem »christlichen Gottesacker« bestattet, auf dem auch das »theure Gräblein« des einst im Jahr 1866 tot geborenen Kindleins war.

Missionar Gustav Ritter (geboren am 20. März 1844, verstorben am 11. Oktober 1935 in Korntal, bestattet in Leonberg) heiratete im Oktober 1875 die Kinderpflegerin Johanna Werner. An der Seite ihres Mannes wurde sie Leiterin der Missions-Mädchenanstalt Mulki. Dem Ehepaar Ritter wurden acht Kinder geschenkt. Die Missionarsfamilie Ritter lebte 1897/98 in Korntal, wo Missionar Ritter seine Übersetzung des Neuen Testamentes in das Kanaresische fertigstellte. 1910 kehrte er endgültig aus Indien nach Württemberg zurück. Wieder wohnten sie in Korntal, in der »Alten Sparkasse«. Von dort aus war Gustav Ritter unermüdlich als Reiseprediger der Basler Mission tätig. Allerdings wehrte er sich dagegen, in die im kaiserlichen Deutschland immer üblicher werdende Parole »Gott strafe England« einzustimmen. Vielmehr warb er um dankbares Anerkennen all dessen, was gerade Engländer auf den Weg gebracht hatten, sowohl für die Ausbreitung des Christusglaubens als auch gegen die Abschaffung des Sklavenhandels. Das kaiserliche Deutschland reagierte darauf mit einem Redeverbot für Missionar Ritter. So wollte man seine »englandfreundlichen Äußerungen« unterbinden.

Die von Gustav Ritter als Tochter adoptierte Hanna Traub wurde zur »großen Schwester« der leiblichen Kinder Ritter. Sie verheiratete sich im Februar 1891 in Korntal mit dem Wilhelmsdorfer Schullehrer Gottlieb Nonnenmacher, von dem Nachkommen bis heute auch in Korntal leben.

Dr. Johann Ludwig Krapf
(1810–1881)

Der Apostel Ostafrikas

Ostafrika

Den Basler Missionsinspektor Dr. Wilhelm Hoffmann (1806–1873), Sohn des Gründers der Brüdergemeinde Korntal, hatte die Frage nicht mehr losgelassen: »Wo eigentlich soll denn künftig der Schwerpunkt unserer noch so jungen Missionsarbeit sein?« Die mit dem Basler Missionshaus eng verbundene Englische Kirchenmission hatte die ersten in Basel ausgebildeten Missionare nach Westafrika (vor allem nach Sierra Leone und an die Goldküste), nach Ägypten, nach Äthiopien und nach Nordostindien in die Gegend von Kalkutta entsandt.

Die Missionsarbeit in Sierra Leone unter und mit freigelassenen schwarzen Sklaven hatte sich jedoch nicht so gut verwirklichen lassen, wie man ursprünglich gehofft hatte. Die Goldküste aber wurde zum »Grab des weißen Mannes«, auch vieler Missionare und ihrer Angehörigen. Aus Abessinien (Äthiopien) waren die Missionare schmählich ausgewiesen worden. In Ägypten erwies sich das Werben für den Glauben an Jesus als unerwartet schwierig. Ein weiterer Versuch, über eine Missionsarbeit in Südrussland und in Nordwestpersien in den Bereich des Islam hineinzuwirken, hatte sich leider rasch zerschlagen.

Aus dem allem hatte Dr. Wilhelm Hoffmann (Basler Missionsinspektor von 1839 bis 1850, danach Professor und Ephorus in Tübingen, schließlich Hofprediger und Generalsuperintendent in Berlin) die Konsequenz gezogen: Mit allen verfügbaren Kräften muss die Mission sich auf Indien konzentrieren! Dort habe sich die Christenheit ihrem gefährlichsten Feind zu stellen, nämlich dem religiösen Vermischungsgeist! Von da an wurde für Basler Missionare Indien zum Schwerpunkt des Wirkens.

Nur ein einziger Missionar blieb bei seiner Parole »Ostafrika!« Das war Ludwig Krapf. Er war einfach davon überzeugt, dass Jesus mit Ostafrika noch Großes vorhatte. Unter unvorstellbaren Mühen hatte er selbst mehrfach versucht, im ostafrikanischen Äthiopien Fuß zu fassen. Aber dann war er aus diesem Hochland vertrieben worden. 1844 hatte er sich dann zusammen mit seiner Frau an der ostafrikanischen Küste auf der Insel Mombasa niedergelassen. Dort starb seine Frau. Über ihrem Grab haben 1944 englische Missionare ein großes Gedenkkreuz angebracht. Ludwig Krapf schrieb an sein *Committee* in England, aber auch geradezu beschwörend an Missionsinspektor Dr. Hoffmann: »Sagen Sie unseren Freunden, dass in einem einsamen Grab an der afrikanischen Küste ein Glied der Mission ruht, das mit Ihrer Gesellschaft in Verbindung steht. Das ist ein Zeichen, dass Sie den Kampf mit diesem Weltteil begonnen haben. Da aber die Siege der Kirche über die Gräber von vielen ihrer Glieder führen, so können Sie umso gewisser sein, dass die Stunde naht, in der Sie berufen sind, Afrika von der Ostküste aus zu erobern.«

Missionarische Durchdringung Afrikas von der Ostküste her! Dass dies möglich wäre, davon war Ludwig Krapf überzeugt. Denn er war gewiss, dass es in Afrika – trotz aller bisheriger Rückschläge – »sprungschnell vorwärts« gehen würde, sobald einmal die Gallas (auch Oromos genannt) den Christusglauben angenommen haben würden. Auf diesen Stamm nämlich setzte Krapf große Erwartungen. Zugleich bewegte ihn die Vision: Es sollte – zugleich von Westafrika und auch von Ostafrika ausgehend – eine »Kette« von Missionsstationen aufgebaut werden. So etwas, so meinte er kühn, könne »in vier bis fünf Jahren« zum Ziel kommen. Außerdem müsse in Ostafrika, am besten in Mombasa selbst, eine Kolonie für freigelassene Sklaven errichtet werden, ähnlich jener in Sierra Leone. Und möglichst bald sollte es einen einheimischen Bischof und einen einheimischen Pfarrstand geben.

Welch ein strategisch-visionärer Feuerkopf war doch dieser Krapf! Persönlich hat er in langen Jahrzehnten geradezu übermenschlichen Einsatzes für Ostafrika nichts als Entbehrung, Scheitern, Enttäuschung erlebt. Nicht einen einzigen Afrikaner konnte er taufen. Dabei hatte er nach dem Tod seiner Frau Gott gebeten, ihn trotz Schwachheit und trotz des mörderischen Klimas so lange leben zu lassen, bis wenigstens eine Seele gewonnen sei.

Heute jedoch finden sich die am stärksten wachsenden Kirchen der Christenheit exakt in Ostafrika. In den Glasfenstern an der Stirnseite der anglikanischen Kathedrale von Nairobi sind Ludwig Krapf und Johannes Rebmann abgebildet. Sie gelten als die »Väter« der heute so überaus lebendigen und aktiven Christenheit Ostafrikas.

Am liebsten würde ich jetzt einfach von Ludwig Krapf ausführlich weitererzählen, besonders auch deshalb, weil es ihn nach seiner Rückkehr von Ostafrika nach Korntal gezogen hat. 21 Jahre lang hat er in Korntal in der ehemaligen Schlossstraße, der heutigen Görlitzstraße gelebt. Von Korntal aus hat er unermüdlich gewirkt. Nach Korntal hat Dr. Krapf seine Freunde Rebmann und Flad geholt. In Korntal ist er ja auch – im knienden Gebet vom Tod überrascht – zu seinem Herrn Jesus heimgegangen. In Korntal fand er seine letzte Ruhestätte.

Aber nun wurde nach jahrzehntelangen Vorarbeiten eine unübertreffliche Biografie über Dr. Ludwig Krapf vorgelegt. Auf sie hinzuweisen, ist wichtiger, als zu versuchen, das bewegte Leben und Wirken des Apostels Ostafrikas in allen Einzelheiten zu schildern. Studienleiter Pfarrer Dr. Jochen Eber, Heidelberg, hat dieses Lebensbild erarbeitet, das hiermit empfehlend genannt wird: *Ein schwäbischer Pionier in Ostafrika.*[1]

Warum eigentlich Korntal?

Ludwig Krapf verbrachte die längste zusammenhängende Zeit seines Lebens in Korntal, nämlich vom Herbst 1855 bis zu seinem Sterben in der Nacht auf den 26. November 1881.

Dem vorausgegangen war ein geradezu hektisch bewegtes Leben. Der Bauernsohn aus Derendingen bei Tübingen hatte das Gymnasium abgebrochen, obwohl er sich schon dort als »veritables Sprachgenie« erwiesen hatte. Gegen den Willen der Eltern meldete er sich 1827 im Basler Missionshaus zur Ausbildung – immerhin als Alternative zum eigentlich gewünschten Beruf eines Kapitäns. Doch schon nach zwei Jahren verließ er das Missionshaus, verstrickt in extreme Verstiegenheiten mystischer Frömmigkeit. Die Eltern zwangen ihn jedoch, das Abitur nachzuholen und Theologie zu studieren. Widerwillig und darum auch glanzlos unterzog er sich dem Lehrbetrieb. Nach gerade noch bestandenem Examen wirkte er als Vikar der württembergischen Kirche, bis er wegen einer allzu feurigen Endzeitpredigt aus dem Kirchendienst entlassen wurde. In dieser Lebenskrise begegnete er Peter Fjelstedt. Dieser aus Schweden stammende Missionar hatte eine Lehrerin des Korntaler Kinderheims zu seiner Frau erkoren. Er war es, der den »gescheiterten« Theologen Krapf vom »heiligen Beruf eines Missionars« überzeugte – und auch davon, dass er seine abgebrochene Ausbildung in Basel abschließen sollte. Im Februar 1837 wurde Krapf von Basel Hals über Kopf als Missionar für Abessinien bestimmt. Schon der erste Aufenthalt dort endete nach schrecklichen Strapazen und Gefahren, als ihm und seinen Gefährten gehässige Feindschaft entgegenschlug. Es folgten verschiedene Versuche, auf anderen Wegen doch in das Innere von Äthiopien vorzudringen. Doch auch dabei blieb ihm Erfolg versagt. Über den schauerlichen Strapazen in der Shoa-Wüste kam es bei seiner ihm in Kairo angetrauten Ehefrau zu einer Fehlgeburt. Krapf fühlte sich von Gott verlassen. Es tröstete ihn auch wenig, dass die Philosophische Fakultät Tübingen ihn 1842 für seine Sammlung bisher unbekannter äthiopischer Texte mit dem Ehrendoktor geehrt hatte. Vielmehr sah er seine Lage nüchtern so an: »Da lag ich nun mitsamt meinem Doktortitel im tiefsten Dreck!« Trotzdem ermannte er sich wieder. 1844 versuchte er zusammen mit seiner Frau, von Mombasa aus in das Innere von Ostafrika missionarisch vorzustoßen. Aber schon in Mombasa starben seine Frau und das von ihr geborene Töchterlein. Es folgten Versuche, beim Wanika-Stamm Fuß zu fassen. Von der zusammen mit Missionar Rebmann kümmerlich gebauten Station *Rabai mpia* aus trieb es Krapf zu immer neuen Erkundungsexpeditionen nach Norden und Süden, vor allem aber hinein in das Innere Ostafrikas.

Nach 13-jähriger Abwesenheit von Europa benutzte Krapf den längst fälligen Heimaturlaub dazu, in der Heimat die Bedeutung der Ostafrikamission bekannt zu machen. Wieder nach Afrika zurückgekehrt scheiterte er erneut mit seinen Missionsversuchen im Inneren Ostafrikas. Es war eigentlich schon beschlossene Sache, die Ostafrikamission ganz einzustellen. Da geschah das Wunder, dass das Komitee der englischen Kirchlichen Missionsgesellschaft (*Church Missionary Society*) entschied, die Mission fortzusetzen. Krapf jedoch war umgestiegen auf sein altes Missionsfeld Äthiopien. Dort hatte die 1840 auf St. Chrischona bei Basel begonnene »Pilgermission« eine scheinbar verheißungsvolle Arbeit begonnen. Krapf begleitete den Chrischona-Missionar Flad nach Äthiopien, musste aber wegen schwerer Erkrankung wieder umkehren.

1856 ließ sich Krapf in Korntal nieder und verheiratete sich dort in zweiter Ehe mit der Stuttgarter Bürgerstochter Lotte Pelargus. Das von ihnen in der heutigen Görlitzstraße bewohnte Haus sollte eine »rechte Brüderherberge« werden. Allerdings hielt es Krapf nie lange irgendwo, erst recht nicht auf Dauer in Korntal. Für einen Missionars-»Ruhestand« war er nicht geeignet. Immer wieder brach er auf. Auch als er 1860 für kurze Zeit die Aufgabe des Englisch-Unterrichtes im Korntaler Knabeninstitut von Professor Pfleiderer angenommen hatte, ließ er sich bei nächstbester Gelegenheit wieder nach Afrika rufen. Es waren Methodistenmissionare, die ihn 1861 als Ratgeber in Afrika brauchten. Andere anstrengende und auch gefährliche Kurzzeiteinsätze folgten. Vor allem wurde dann im Jahr 1867 Ludwig Krapf dazu berufen, als Landeskundiger die englische Militärexpedition nach Äthiopien zu begleiten. Sie diente der Befreiung von Missionar Flad und seiner Mitarbeiter aus äthiopisch-kaiserlichem Gewahrsam.

Unterwegs war Krapf wieder und wieder, ob zur Begleitung der Drucklegung von Bibelübersetzungen und Grammatiken in den einheimischen afrikanischen Sprachen oder zur Lehrtätigkeit auf St. Chrischona bei Basel.

Nachdem seine zweite, leider oft kränkliche Frau 1868 verstorben war, heiratete er 1869 seine Haushälterin Nannette Schmid, die ihn dann um beinahe 20 Jahre überlebte.

Mit der Sprunghaftigkeit seines Wesens und mit seinem Unruhegeist machte es Krapf seinen Komitees und vor allem auch den mit ihm zusammenarbeitenden Missionarskollegen nie leicht. Einen beruhigenden Einfluss hatte auf Krapf eigentlich erst die »gesegnete Gemeinde christlicher Brüder«, die er in Korntal gefunden hatte.

Für Krapf hatte die Brüdergemeinde Korntal eine außerordentliche Anziehungskraft. Zwar gab es in den landeskirchlichen Gemeinden Württembergs hier und dort wohl manche Freunde der Mission. In Korntal jedoch hatte die ganze Gemeinde einen weltmissionarischen Horizont. Sie nahm in Informationen, Fürbitte und Opfer teil an der weltmissionarischen Aufgabe. Auch hatte Korntal Anteil genommen an dem tiefen Schmerz, der über die ganze »Missionsfamilie« gekommen war. Einer Scharlach-Epidemie, die 1854 (also ein Jahr vor Krapfs Heimischwerden in Korntal) gewütet hatte, war nämlich innerhalb von wenigen Tagen eine ganze Reihe von Missionarskindern erlegen, darunter der Sohn des schwedischen Missionars Fjelstedt, des engen Freundes von Ludwig Krapf. Man hatte die Missionarskinder bewusst aus dem tropischen Klima Asiens herausgeholt, damit sie im heimischen Korntal und in dessen bewährten Erziehungs-Instituten und Heimen sicher seien.

Auch diese schlimme Erfahrung hatte Korntal empfindsam dafür gemacht, dass es in der Mission nicht nur »Siege« geben kann. Vielmehr gehören zur Mission auch Opfer und Niederlagen, so wie sie gerade auch Krapf selbst wieder und wieder schmerzlich erleben musste.

Korntal war auch trotz der ihm als königliches Privileg zugesagten Selbstständigkeit nie so extrem separatistisch geprägt, dass es den lebendigen Kontakt mit der Landeskirche verloren hätte. Das war wichtig für Krapf, der sich zeit seines Lebens als württembergischer Pfarrer fühlte (für seine Eheschließung mit Lotte Pelargus hatte er 1856 die Genehmigung des württembergischen Konsistoriums eingeholt). Auch hatte er aufgrund von enttäuschenden Erfahrungen eine gesunde Skepsis gegenüber separatistischem Einzelgängertum.

Der »erst noch kommenden Kirche« Bahn zu bereiten, also einer Kirche ohne einschränkende Grenzen von Kirchenfamilien (Denominationen) und von abgrenzenden und einengenden Bekenntnissen, das war das Leitbild der damaligen Erweckungsbewegung. Das war es, was Krapf auch an Korntal schätzte: Die Brüdergemeinde Korntal war und blieb offen für geistliche Impulse aus London und aus Basel, aus Herrnhut und aus der skandinavischen Erweckungsbewegung.

In Korntal waren die Glieder der Brüdergemeinde ausgerichtet auf die bald ersehnte Wiederkunft von Christus Jesus, aber sie verloren darüber nie den Blick für konkret vor die eigene Tür gelegte Aufgaben. Das war im Sinn von Krapf:»Greife frisch an, was zu tun in deine Hand gelegt ist! Denn wo nach großen Plänen das Reich Gottes aufgebaut werden soll, da entwirft der Satan nach den strategischen Regeln der Hölle sogleich einen Operationsplan listiger Methoden, mit denen er die Absichten Gottes vernichtet.«

Noch entscheidender war jedoch für Krapf, dass die damalige Korntaler Brüdergemeinde stark geprägt war von den zahlreichen Brüdern der Michael-Hahn'schen Gemeinschaft. Schon der Entwurf für die Brüdergemeindeordnung hatte die Handschrift von Michael Hahn getragen, dem »geistlichen Vater« der nach ihm benannten pietistischen Gemeinschaften. Eigentlich war Michael Hahn als Vorsteher der Brüdergemeinde vorgesehen gewesen, was jedoch durch seinen Tod unmöglich geworden war. Bis heute jedoch gilt in der Brüdergemeinde Korntal, was einst Hahn in den Verfassungsentwurf hineingenommen hatte: Bei klarer Bejahung des lutherischen Bekenntnisses soll auch in andersartigen Prägungen biblisch geprägte Verwandtschaft entdeckt werden können. Deshalb wird von Verdammungsurteilen und von Glaubensverurteilungen biblisch geprägter Mitchristen abgesehen. Diese auf Michael Hahn zurückgehende Einstellung bejahte Krapf aus vollem Herzen.

Einst in Tübinger Studententagen war Ludwig Krapf durch Brüder der Hahn'schen Gemeinschaft aus seinen mystischen Versponnenheiten befreit worden. Sie hatten ihn vertraut gemacht mit Schriften von Prälat Friedrich Christoph Oetinger und von Michael Hahn. Sie lehrten ihn, mit seinem echt gemeinten Glauben wieder auf nüchternen Boden zu kommen. Dafür war Krapf lebenslang dankbar.

Ach, entdeck mir mein Verderben,
mache mich mir offenbar.
Sollt ich, Herr, als Heuchler sterben?

So hatte Michael Hahn in einem seiner vielen Lieder gedichtet.

Diese Frage stellte Krapf heilsam sich selbst, als er während des Europa-Aufenthaltes 1850/51 einige Wochen zurückgezogen in Dagersheim bei Schulmeister Kolb weilte, dem damaligen Hahn'schen »Haupt«. Diese Selbstprüfung vor Gott war für ihn einschneidender und wichtiger als alle damaligen Begegnungen mit hochrangigen Persönlichkeiten und Komitees in England und in Deutschland.

Vor allem unterstützten – neben vielen »altpietistischen« Gemeinschaften – Michael-Hahn' sche Gemeinschaften auch finanziell die Missionsaufgaben von Krapf. Dabei war meist die Korntaler Gemeinschaft nicht nur die Inkassostelle für die eingehenden Spenden, sondern auch die am stärksten in die eigene Opferkasse greifende Gemeinschaft.

Dies alles lässt verstehen, weshalb Krapf gerade in Korntals Brüdergemeinde jene »gesegnete Gemeinschaft christlicher Brüder« fand, die eine Krönung für sein Leben darstellte.

In Korntal fand Krapf nach den Jahrzehnten unsteten Missionarslebens eine heimatliche »Bleibe«. Im Missionsdienst hatte er bewusst jahrzehntelang auf solch einen »Luxus« verzichtet. In gewissem Unterschied zu seinem Gefährten Johannes Rebmann hatte Krapf die Überzeugung gehabt: »Der Missionar muss mobil bleiben. Mancher junger Missionar will, wenn er aus Europa kommt, sich alsbald auf einem Heidengebiet stationär machen und sich hinter Schloss und Riegel an der Küste auf irgendeiner Stelle bequem einrichten, statt fünf bis acht Jahre mobil zu bleiben. Danach kann es die Frucht seiner Arbeit nötig machen, dass er seine provisorische Einrichtung mit einer mehr soliden Wohnung vertausche. Der Wunsch, sich sobald als möglich bequem einzurichten und zu heiraten, verwickelt den Missionar in viele Äußerlichkeiten, welche ihn vom Herrn und von seinem Amt abziehen können.«

Johannes Rebmann (1820–1876)

Kilimandscharo-Entdecker aus Gerlingen

Der »Entdecker« des Kilimandscharo

Es geschah am 11. Mai 1848: Als erster Nicht-Afrikaner schaute Johannes Rebmann, Missionar aus Gerlingen, den sagenhaften 5 895 Meter hohen Kilimandscharo, den höchsten Berg Afrikas.

Zwei Jahre zuvor war Johannes Rebmann als lang ersehnter Mitarbeiter bei Ludwig Krapf eingetroffen, dem aus Derendingen bei Tübingen stammenden Pionier der Ostafrikamission. Zunächst versuchten die beiden unter den Küstenstämmen der Suaheli und Wanika Fuß zu fassen. Bald wurde es ihnen jedoch klar, dass sie ihre Arbeit auf die weiter im Innern Afrikas lebenden Stämme ausdehnen müssten. Das führte dann zu den Reisen, die wegen ihrer »Entdeckungen« in Europa berühmt wurden.

Zunächst hatte sich Rebmann allein in das Gebiet der Wateita aufgemacht. Schon dabei bemühte er sich, das Gesehene auch kartografisch festzuhalten. Bahnbrechend war jedoch dann der erste Vorstoß in das Djaggaland. Wegen strömenden Regens musste Rebmann tagelang unter einem Felsvorsprung ausharren, bis er dann einen faszinierenden Ausblick auf die Pareberge bekam. Er notierte in seinem Tagebuch:

»Wie prächtig ist doch die ganze Landschaft in ihrer reichen Mannigfaltigkeit von Bergen, Hügeln und Tälern mit dem üppigsten Pflanzenwuchs. Ich glaubte, in den Jurabergen im Baselbiet oder in der Gegend um Cannstatt in meinem Vaterland zu wandern, so schön war das Land, so lieblich das Klima. Ich wanderte über Berg und Tal so leicht und so froh, wie dort.« Am 8. Mai 1848 hatte er gehofft, den Kilimandscharo in den Blick bekommen zu können. Dieser Kilimandscharo, so wurde an der Küste erzählt, sei ein unzugänglicher, von bösen Geistern bewachter Silberberg. Endlich, am 11. Mai 1848, zeigten sich die Berge von Djagga immer deutlicher. Rebmann berichtete: »Gegen 10 Uhr glaubte ich den Gipfel von einem dieser Berge mit einer auffallend weißen Wolke bedeckt zu sehen. Mein Führer hieß das Weiße, das ich sah, schlichtweg *beredi*, also ›die Kälte‹. Es wurde mir aber klar und gewiss, dass das nichts anderes als Schnee sein musste. Diesen Namen nannte ich meinen

Trägern und versuchte, diesen Namen und die Sache zu erklären. Sie wollten mir aber nicht recht glauben, ausgenommen mein Führer. Er hatte nämlich, wie ich später erfuhr, bei seiner zurückliegenden Reise einige Djagga-Leute den Berg hinaufgeschickt, sie sollten ihm gegen eine gute Belohnung so viel als nur möglich von dem Silber bringen. Sie brachten dann allerdings nichts als Wasser zurück.«

Beeindruckt von dem Gesehenen las Rebmann wieder und wieder den Satz aus seiner englischen Bibel: »*He has shown his people the power of his works, giving them the lands of other nations*« (Er hat seinem Volk seine große Macht gezeigt, indem er ihm die Länder anderer Völker gab«, Psalm 111,6; NL). Im Blick auf die bisher noch nicht von der Mission erreichten Völker betete Rebmann: »Dein Reich komme!« Schließlich war es Rebmann auch bei dieser Unternehmung um keine touristischen Erlebnisse, erst recht nicht um geografische »Entdeckungen« gegangen. Vielmehr wollte er Möglichkeiten erkunden, wie man den bisher unerforschten Stämmen in ihrer Sprache »den Weg zum Himmel« weisen könne. Er schrieb 1855: »Als wir nach Afrika kamen, hatten wir nicht die Spur einer Idee oder gar eines Wunsches, geografische Entdeckungen zu machen. Wir wollten das Reich Gottes ausbreiten, das war unser großes Ziel!«

Spätere Reisen machten es Rebmann möglich, eine Karte auch der ganzen Region anzufertigen. Ende 1848 konnte Rebmann den Kilimandscharo sogar aus nächster Nähe erblicken. Er schrieb: »Wir waren dem Berg so nahe, dass ich sein herrliches Schneehaupt sogar bei Nacht im Mondschein ganz deutlich sehen konnte. Entsprechend war die Kälte, die von diesem Berg herabkam, eine Kälte wie bei uns im November.« Auf der Grundlage der ersten Skizzen fertigte 1855 der schwäbische Missionar Johann Jakob Erhardt (1823–1901) die erste Karte von Innerafrika an. Sie erschien zuerst im Calwer Missionsblatt, ausführlich erläutert durch Johannes Rebmann.

Rebmann war engster Mitarbeiter von Ludwig Krapf. Dieser war am 3. Dezember 1849 fast beiläufig zum »Entdecker« des Mount Kenia geworden, des mit einer Höhe von 5199 Metern zweithöchsten Berges Afrikas. Krapf schrieb: »Der Kilimandscharo, den auch ich gesehen habe, hat einen kuppelähnlichen Gipfel. Der Kenia dagegen ist mehr dachstuhlartig mit seinen zwei großen Türmen oder Hörnern.«

Es war gut, dass Krapf das Vorhandensein von schneebedeckten Beinahe-Sechstausendern unter dem Äquator bestätigen konnte. In Europa, vor allem in England hatte man nämlich die »Entdeckung« Rebmanns angezweifelt. Vor allem der Geograf Cooley hatte sich dabei wichtig gemacht. Große Zweifel an der Existenz von Schneebergen unter dem Äquator hatte auch der deutsche Naturforscher und Geograf Alexander von Humboldt gehabt. Als jedoch Ludwig Krapf 1851 beim preußischen König eingeladen war, da fragte ihn Humboldt noch während der Begrüßung nach den Schneebergen Afrikas. In einem fünfminütigen Gespräch konnte Krapf den Wissenschaftler davon überzeugen, dass er und Rebmann echten Schnee gesehen hätten. Darüber freute sich Humboldt »wie ein kleines Kind über ein neues Spielzeug.« Die Engländer jedoch gaben ihre Zweifel erst auf, als der Afrikaforscher Baron von der Decken am Fuß des Kilimandscharo eingeschneit worden war.

Rebmann selbst dachte bescheiden von seiner »Entdeckung«. Als ihm die »geografische Gesellschaft« zu Paris eine große silberne Medaille verlieh, schrieb er seinen Angehörigen nach Gerlingen: »Ihr müsst aber nicht denken, dass mich dies gefreut habe. Ich habe dies alles als Eitelkeit angesehen; denn ich bin nicht ausgegangen, um geografische Entdeckungen zu machen, sondern vor den Völkern, die in Finsternis und Todesschatten sitzen, die Erlösung und das Heil in Christus Jesus aufzudecken und sie dem alleinigen Könige Jesus untertan zu machen, der allen Freiheit und Seligkeit gibt, die sich ihm unterwerfen.« Die Entdeckung des Kilimandscharo dürfe daher »nicht als etwas Verdienstvolles, sondern eher als etwas Zufälliges« angesehen werden.

Diese Demut war nicht nur erstaunlich, sie war auch notwendig. Henry Venn (1796–1873), Generalsekretär der *Church Missionary Society*, machte 1851 klar: »Wir müssen jetzt damit rechnen, dass viele Unterstützer der Ostafrika-Mission hauptsächlich wegen der geografischen Entdeckungen ihr Herz unserer Arbeit schenken werden. Umso mehr müssen wir aufpassen, dass der erste Zweck unserer

Arbeit darin besteht, Menschen für Jesus zu gewinnen! Die wahren Freunde der Mission sind durchdrungen von einer heiligen Leidenschaft, welche für die Welt unverständlich ist. Diese Leidenschaft darf nicht vermischt werden mit der Begeisterung für humanitäre Zwecke, für die viele Menschen zu gewinnen wären!«

Um Mission ging es – in Ostafrika, aber auch in Gerlingen und in Korntal

Dass Christen eine heilige Leidenschaft für Mission haben, ist alles andere als selbstverständlich. Gerade in den Kirchen der Reformation nicht. Das ist merkwürdig. Denn eigentlich wollten ja die durch die Reformation entstandenen evangelischen Kirchen das »Wort des Christus« ganz ernst nehmen. Aber dass Jesus seine Leute in alle Welt gesandt hatte, damit sie dort Menschen zu seinen Jüngern machten, das war in den Kirchen der Reformation – anders als in der katholischen Kirche – wie vergessen.

Es war dann erst die zu Beginn des 19. Jahrhunderts aufbrechende Erweckungsbewegung, die sich der missionarischen Sendung verpflichtet wusste. Sie begann zuerst in England, schwappte aber dann bald auch über auf den europäischen Kontinent. Als rasch reagierende »Relais-Station« bewährte sich die kleine »Deutsche Christentums-Gesellschaft« zu Basel mit ihrem hellwachen Sekretär Christian Friedrich Spittler (1772–1867). Dort wurde die Verantwortung ernst genommen: Glaube an den Erlöser Jesus Christus muss geweckt werden unter »Heiden« und auch unter Juden; Glaube an den Erlöser Jesus Christus muss belebt und neu gestärkt werden unter solchen, die sich nur dem Namen nach Christen nennen! Deshalb erwuchsen aus den Basler Impulsen von Spittler die Arbeitszweige der Weltmission, der Bibelverbreitung, der Judenmission, der Evangelisation und der missionarisch motivierten Diakonie.

Die Impulse von Basel wurden in Württemberg erstaunlich rasch aufgenommen, und zwar ganz besonders von den Familien Josenhans und Hoffmann, die beide in einem großen Fachwerkhaus am Leonberger Marktplatz wohnten. Josenhans war Kaufmann, Hoffmann war damals Amtsbürgermeister (also so etwas wie Landrat), später Gründer und erster Vorsteher der neu entstehenden Brüdergemeinde Korntal. »Die Heilung der Völker« war das gemeinsame Hoffnungsziel beider Familien. Es war darum kein Wunder, dass wenige Jahrzehnte später zwei entscheidend wichtige Inspektoren der Basler Mission aus den Familien Hoffmann und Josenhans kamen.

Zusammen mit Amtsbürgermeister Gottlieb Wilhelm Hoffmann (1771–1846) gründete Kaufmann Johann Friedrich Josenhans (1769–1850) am 8. Mai 1816 – also mitten im grausamen Hungerjahr – den ersten und zugleich modellhaften »Hilfsverein« für die neu gegründete Basler Mission. Schon bald darauf wurde auch der erste württembergische Missionskandidat an die neu gegründete Missionars-Kaderschmiede Basel entsandt, nämlich der aus Gerlingen stammende Wilhelm Dürr (1790–1862). Er wurde damit der erste in einer langen, beachtlichen Reihe von Gerlinger Pioniermissionaren, zu der etwa auch Jakob Maisch, der schon 1825 in Bengalen verstorbene Missions-Märtyrer, auch der China-Missionar Wilhelm Maisch, der Ghana-»Bischof« Johannes Zimmermann, Christian Aldinger, vor allem aber Johannes Rebmann gehören.

»Mission«, das war in dem ländlich geprägten, aber kirchlich stets gut bestellten Gerlingen kein Fremdwort. Auch in der örtlichen pietistischen Gemeinschaft wurde regelmäßig über die Mission berichtet und für die Mission gebetet und gespendet.

Der junge, begabte und auch für den Jesusglauben aufgeschlossene Johannes Rebmann hielt sich nach seiner Konfirmation zu dieser Gemeinschaft, auch wenn man ihm schon in der Schule wegen seiner Liebe zur Bibel spottend den Beinamen »Pfarrer« gegeben hatte. Der einst Gerlingen so sehr prägende Pfarrer Stange ermutigte den interessierten Weingärtner- und Bauernsohn, sich um die Aufnahme im Basler Missionshaus zu bewerben. Er stellte ihm dafür das Zeugnis aus: »Rebmann ist nach Geist und Herz, nach natürlichen Anlagen und nach Leibeskonstitution, vor allem aber nach dem Leben aus Gott zum Missionsdienst tauglich.« Die Basler Lehrer setzten nach einigen Monaten die Charakterisierung fort mit den Sätzen: »Er ist ein gründlicher Christ von äußerst gesetztem, feinem Wesen. Er geht seinen stillen Gang in Bescheidenheit. Sein Sinn für die Mission ist entschieden, wenn auch nicht ohne Anfechtung.«

In dem Gerlingen benachbarten Korntal war »Mission« erst recht kein Fremdwort. Die Impulse, welche Gottlieb Wilhelm Hoffmann schon in Leonberg beseelt hatten, kamen in der 1819 gegründeten Brüdergemeinde Korntal voll zur Entfaltung. Viele Missionare sahen Korntal als eine »Wartestation« auf das Wiederkommen des Herrn Jesus Christus an – oder auf das eigene Zu-Christus-Geholtwerden. Deshalb wollten viele von ihnen ihre letzte Lebensstrecke in Korntal zubringen – oder doch mindestens in Korntaler Erde bestattet sein. Zu solchen Missionaren gehörte auch der Äthiopien- und Indienmissionar Karl Isenberg (1806–1864), dessen Wirken Gott auf eigenartige Weise mit der Arbeit von Johannes Rebmann verbunden hat.

So kam der gebürtige Gerlinger nach Korntal

Im Nationalmuseum von Tansania zu Daressalam wird gleich in der ersten Abteilung des Wirkens von Johannes Rebmann gedacht. Neben einem Bild von Dr. Ludwig Krapf (1810–1881) ist auf einem Foto Johannes Rebmann zu sehen. Ein Korntaler hatte dem Museum das Bild des greisen Rebmann überlassen, auf dem der Missionspionier samt seinem afrikanischen Helfer Isaak Nyondo abgelichtet ist, aufgenommen in den letzten Lebenstagen von Rebmann. Diese hat Johannes Rebmann in Korntal zugebracht, dem »Zufluchtsort« für so manche körperlich und geistlich ausgepowerten Missionare. Johannes Rebmann war im April 1875 nach England zurückgekehrt. Dort hatte man ihn erfolglos an den Augen operiert. Da holte ihn Dr. Ludwig Krapf, der selbst 26 Jahre seines tätigen Ruhestandes in Korntal verlebte, in »sein« Korntal. So wurde der gebürtige Gerlinger als Freund und langjähriger Mitarbeiter von Dr. Krapf am Ende seines Lebens ein Korntaler. In Korntal verheiratete sich dann am

16. März 1876 der fast Erblindete mit der Missionarswitwe Luise Finckh, geb. Däuble. Sie hatte sich nur schwer dazu entschließen können, den um 15 Jahre älteren und dazu noch schwer kranken Mann zu heiraten. Sie hatte in ihrem Leben schon so manches Leid im Dienst der Mission ertragen müssen. Als Luise Finckh nach elf Witwenjahren schließlich Rebmann das Ja-Wort gab, da strahlte Rebmanns Gesicht und er fing an, zu beten: »Lobe den Herrn, meine Seele, und was in mir ist, seinen heiligen Namen!«

Nach einigen zusammen mit seiner Frau verbrachten Erholungswochen in Bad Liebenzell fühlte sich der unermüdliche Afrikamissionar so gestärkt, dass er schon wieder davon sprach, in sein geliebtes Afrika zurückzukehren. Aber dann wurde er von einer schweren Lungenentzündung überfallen. Als seine Frau an seinem Krankenlager weinte, sagte Rebmann: »Warum weinst du? Ich sterbe noch nicht. Ich habe noch viel Arbeit in Afrika vor mir!« Doch ein kurzer Todeskampf machte seinem von unvorstellbarem Einsatz geprägten Leben am 4. Oktober 1876 ein Ende. Auf dem Grabstein im Korntaler »Begräbnisgarten« stehen unter seinem Namen die Worte: *Saved in the arms of Jesus* (»in den Armen von Jesus geborgen«).

Rebmann war jedoch nicht erst durch die letzten Lebensmonate mit Korntal verbunden. Viele Briefe bezeugen das Sohn-Vater-Verhältnis, das zwischen Rebmann und Dr. Wilhelm Hoffmann (1806–1873) bestanden hatte, der ja ein Sohn des Korntalgründers Gottlieb Wilhelm Hoffmann war. Das Vertrauensverhältnis zu dem durch Korntal geprägten Hoffmann war schon damals geknüpft worden, als 1839 der gerade 19-jährige Gerlinger in die Missionsanstalt Basel eintrat. Dort begegnete er dem hoch geachteten Missionsinspektor Dr. Hoffmann. Die immer stärker werdende Verbundenheit zwischen den beiden wurde aufrechterhalten, als Rebmann – 1844 an die englische Kirchenmission (*Church Missionary Society*) abgegeben – im Missionshaus Islington bei London engen Briefkontakt mit seinem Mentor hielt. Aber auch später verfolgte Dr. Hoffmann als Ephorus am Tübinger Stift und dann als Generalsuperintendent in Berlin Anteil nehmend die Arbeit seines jüngeren Freundes.

Unvorstellbar mühevolle Pionierarbeit

1846 wurde Johannes Rebmann als Helfer zu Ludwig Krapf entsandt, feierlich ordiniert durch den anglikanischen Bischof von London. Kurz entschlossen wollten nun die beiden ihre Missionsstation von Mombasa auf das afrikanische Festland verlegen. Es sollte zum Stamm der Wanika gehen. Sie waren der Meinung, sie hätten beim Häuptling von Mpia Rabai Vertrauen gefunden und damit sei ihnen eine Tür zu ungehindertem Wirken aufgemacht. Aber schon der Weg nach Rabai war ein Leidensweg. Krapf wurde sterbenskrank. Am liebsten hätte er alle zwanzig Schritte geruht. Auch Rebmann überfiel das Tropenfieber. Zuerst wechselten sie sich damit ab, sich auf dem Transport-Esel mitschleppen zu lassen; aber dann überließ Rebmann dem noch schwächeren Krapf das Reiten ganz. Am Ziel fanden sie statt der erhofften Hütte ein elendes Blätterzelt. Die Einheimischen vermuteten nichts anderes, als dass Krapf und Rebmann Handel treiben wollten. Als die Missionare sie zu einem Gottesdienst einluden, fragten sie:»Was gebt ihr uns zu essen, wenn wir kommen?« Rebmann notierte:»Kaum wird je eine Mission in solcher Schwachheit angefangen worden sein. Aber so sollte es sein, damit wir uns nicht unserer eigenen Kraft rühmten. Auch sollten unsere Nachfolger nie die Umstände des Anfangs vergessen.«

Anders als der sprunghafte Krapf hatte Rebmann die Überzeugung: Ein Missionar muss gründlich arbeiten. Gründliches Arbeiten hatte Rebmann als Bauernsohn in Gerlingen gelernt. Dazu kam in Afrika die Erkenntnis: Wer in Afrika Menschen für den Glauben an Jesus gewinnen möchte, muss lange geduldig an ein und demselben Ort ausharren und mit den Menschen zusammenleben, er muss dabei ihre Sprache gründlich erlernen und sich mit der Sitte und mit den religiösen Vorstellungen dieser Menschen vertraut machen. Deshalb hielt es Rebmann für viel zu verfrüht, als Krapf – seiner großen Vision entsprechend – tief im Innern des afrikanischen Landes eine zweite Missionsstation errichten wollte. Er notierte:»Wozu soll das führen, solange wir hier in Rabai keine Erfolge haben?« Erst wesentlich später konnte Rebmann den verkrüppelten Mringe taufen, um den sich Krapf jahrelang gemüht hatte. Auch Abbe Gundja, ein Nachbar des nach seiner Taufe verstorbenen Mringe, wollte »das Buch der Europäer lernen«. So gelang es Rebmann mit unendlicher Geduld und Ausdauer samt seiner liebevollen Überzeugungskraft, Schritt um Schritt Misstrauen abzubauen und den Boden für eine afrikanische Christengemeinde zu ebnen. Bei dem allem spielte der bedürfnislose Lebensstil Rebmanns eine überzeugende Rolle. Den Afrikanern machte es Eindruck, dass er stets ohne Gewehr reiste. Er wollte nicht mit einem Sklavenhändler verwechselt werden. Auch der große schwarze Regenschirm, den Rebmann immer bei sich führte, machte Eindruck. Die ihm von Häuptlingen als Gastgeschenk zugedachten Sklaven wies er zurück, ebenso auch Elfenbein, das ihm der König von Kilema schenken wollte.

Nicht nur Krapf, sondern auch Rebmann unternahm ausgedehnte Reisen ins afrikanische Inland. Auf ihnen kam es wie beiläufig zu seinen Entdeckungen. Wie »beiläufig«; denn Rebmann konnte klärend feststellen: »Wir hielten es für unsere Pflicht, das unbekannte Inner-Afrika zur Kenntnis der Christen in der Heimat zu bringen, damit sie angetrieben würden, diesem Weltteil mehr als bisher das Evangelium zuzuwenden.«

Wie Krapf hatte durchaus auch Rebmann manche illusionäre Vorstellungen. So regte Rebmann an, dass in den fernen Ländern neben den Missionar nicht nur der Arzt treten soll. Sondern auch christliche Familien aus Europa sollten angesiedelt werden. Warum sollten denn diese nur Südrussland oder Amerika als künftige Heimat in Betracht ziehen und nicht auch Ostafrika? Auch in Afrika würde es doch hilfreich sein, wenn christliche Familien den Einheimischen vorlebten, wie Arbeit, Ehe und Kinderzucht gestaltet werden können.

Als 1851 endlich die Missionare Erhardt und Wagner zur Unterstützung der ostafrikanischen Missionsarbeit eingetroffen waren, konnte Rebmann den schon lange gehegten Plan verwirklichen, die ihm bekannte verwitwete Emma Tyler, geb. Kent, zu heiraten. Diese Engländerin hatte an der Missionsschule von Kairo gewirkt. Dort hatte sie Rebmann Jahre zuvor kennengelernt. Obwohl sie zehn Jahre älter als ihr neuer Gemahl war und obwohl das 1852 geborene

Kind wenige Tage nach der Geburt starb, wurde die Ehe glücklich. Auch wurde die Missionsarbeit durch den demütigen Einsatz von Frau Rebmann belebt. Sie machte das einfache, in Kisilutini neu erbaute Haus zu einem Zentrum der Missionsarbeit. Dort ließ sich Rebmann durch Krapf auch hineinziehen in die Erforschung der einheimischen Sprachen, in die Schaffung von Grammatiken und in die Übersetzung von Bibelteilen in die Sprachen der umliegenden Stämme des Wanika- und Wakamba-Gebietes.

Dafür war Rebmann besonders geeignet, das zeigte sich über diesen Aufgaben. Was den Missionaren jedoch allen Mut raubte, das war die absolute Gleichgültigkeit der Einheimischen, ihre erschreckenden Grausamkeiten und ihre hemmungslose sexuelle Freizügigkeit. Zu ihrer Stumpfheit kam hinzu, dass sie sich gehässigen Einflüsterungen muslimischer Agitatoren öffneten. Die Missionare mussten sich überwinden, der Missionsleitung in England mitzuteilen:»Nach unserer Überzeugung ist die Zeit für eine Missionierung Afrikas doch noch nicht gekommen!« Außerdem brach 1857 völlig unerwartet ein Aufstand der Massai über die Region herein. Sie schonten weder Frauen noch Kinder. Rebmann konnte sich mit der kleinen Missionsgemeinde auf die Halbinsel Mombasa retten. Trotz der Gefahren ging er allein zurück nach Rabai und erlebte das Wunder,»dass es in Rabai Christtag geworden war«. Harte Herzen waren weich geworden. Er konnte eine Taufe um die andere melden. Er hatte recht gehabt mit seiner Hoffnung:»Die Arbeit der Mission ist nur für einige Zeit unterbrochen worden, bis der Herr wieder die Tür für sie öffnete!« Auch das Komitee der *Church Missionary Society* hatte richtig entschieden, als es das Gesuch der Missionare abwies, die Mission in Ostafrika zu beenden.

Am 20. Januar 1862 besuchte Krapf, der inzwischen Afrika verlassen hatte, noch einmal seinen alten Gefährten Rebmann in Rabai. Er fand ihn umgeben von einer kleinen Christengemeinde. Sie bestand vor allem aus ehemaligen ostafrikanischen Sklavenkindern, die – durch englische Kriegsschiffe befreit – in Bombay in den Heimen von Missionar Karl Isenberg ein Handwerk gelernt hatten und Christen geworden waren. Sie waren danach von Indien aus Rebmann zur Hilfe geschickt worden. Als diese Gruppe junger Christenmenschen im Gottesdienst einen englischen Choral anstimmte, da konnte Rebmann vor Bewegung nur schluchzen. Die Fortdauer seines Werkes war gesichert.

Bald danach traf Rebmann ein herber Schlag. Seine Frau starb am 8. November 1866. Er schrieb über sie:»In der dunkelsten Zeit der ostafrikanischen Mission stand sie mir mit Hingabe zur Seite mit großer Bereitschaft, die besonderen Entbehrungen Ostafrikas zu ertragen. Ihr Gedächtnis wird im Segen bleiben. Schon jetzt spüre ich unter den Frauen eine größere Bereitwilligkeit, zu Jesus zu kommen. Und das, obwohl meine Frau – teils wegen vorgerückten Alters, teils wegen mangelnder Sprachbegabung – der Landessprache nie so Meisterin wurde, dass sie sich hätte mit Leichtigkeit unterhalten können!« Ihr Grab fand Frau Rebmann in Mombasa nahe der Gedenkstätte, die für Frau Krapf und ihr Kind angelegt worden war.

Nicht weit von dieser Stätte gründete die Mission die Sklaven-Freistätte Freretown, benannt nach dem europäischen Wohltäter namens Frere. Das geschah im Zug der englischen Regierungsbemühungen, den Sklavenhandel im Indischen Ozean endgültig unmöglich zu machen. Rebmann hatte die Sorge, anstelle der Mission sollte es nun allein oder mindestens vornehmlich um humanitäre Ziele gehen. Darum wirkte er in aller Stille als Missionar in Kisilutini fort, bis Missionar Price den völlig abgearbeiteten, einsamen, fast erblindeten Johannes Rebmann dazu bewog, der Heimreise zuzustimmen.

So konnte Rebmann nicht mehr miterleben, wie im September 1878 der anglikanische Bischof Royston von Mauritius 45 getaufte Ostafrikaner konfirmierte, unter ihnen viele »Bombay-Leute«, aber auch einige aus dem Wanika-Volk, vor allem der neben Mringe erstbekehrte Abe Gunga.

Nach 29 Jahren treusten Ausharrens im tropischen Klima, mitten unter einem lange Zeit für seinen Dienst undankbaren Volk, schiffte sich Rebmann im März 1875 zusammen mit seinem jugendlichen Helfer Isaak Nyondo in Mombasa ein. Zuvor hatte er das von ihm erarbeitete Suaheli-Wörterbuch zusammen mit seinen Wörtersammlungen in Kinika und Kinjassa nach London in Sicherheit bringen lassen.

Rebmann hat in Korntal seine letzte irdische Heimat gefunden, auch seine letzte Ruhestätte. Nach seinem Tod wurde es in Württemberg still um das Gedenken an ihn. So war es für viele eine Überraschung, als 1910 Sir Harry Johnston, ehemaliger britischer Gouverneur von Uganda, bei einer Versammlung in Stuttgart die großen Verdienste von Krapf und Rebmann erwähnte. Über den aus Gerlingen stammenden Missionar urteilte er: »Rebmann hat durch sein heiliges Leben der Mission und dem Christentum unüberbietbares Ansehen erworben! Sein 29 Jahre lang ununterbrochenes Wirken in Ostafrika ließ die Augen der Christenheit auf diese Region richten, vor allem dann auch auf Uganda!«

So wurde über dem Wirken von Krapf und Rebmann, das sich so lange Zeit wie ein »Schlag ins Wasser« ausgenommen hatte, die biblische Ermutigung bestätigt: »… seid fest, unerschütterlich und nehmt immer zu in dem Werk des Herrn, weil ihr wisst, dass eure Arbeit nicht vergeblich ist in dem Herrn« (1. Korinther 15,58). Im Komitee der *Church Missionary Society* hieß es: »Wir müssen uns noch viel mehr als bisher darauf einstellen, dass Gott unvorstellbar geduldig ist. Schließlich gehört ihm ja auch die Ewigkeit!«

Karl Wilhelm Isenberg (1806–1864)

Gottes besonderes Werkzeug für Ostafrika

Wie der Sklavenhandel an Afrikas Ostküste in einen Segen verwandelt wurde

An den Küsten Afrikas stießen einst schon die ersten Missionare auf Sklavenmärkte. Auch Ludwig Krapf erlebte diese, als er im Sommer 1837 in Ägypten angekommen war. Auf einem der dortigen Sklavenmärkte sah er »die armen Kreaturen zu Hunderten auf dem bloßen Boden liegen. Sie hatten nicht einmal ein Strohlager wie zu Hause das Vieh. Tagsüber schmachteten sie in der brennenden Sonnenhitze. Nachts mussten sie ohne jede Decke in einem kalten Stall liegen, höchstens einige Lumpen um die Lenden. Sie lagen da von beiden Geschlechtern, alte und junge. Sie wurden visitiert an allen Körperteilen, wie man Tiere beschaut, die man kaufen will.«

Allerdings hatte sich schon damals heftiger Widerstand gegen den Sklavenhandel geregt. Auf den Spuren der Quäker hatten Mitglieder der Erweckung in England auf breiter Front den Kampf gegen die Sklaverei aufgenommen. 1787 hatte William Wilberforce (1759–1833) eine Gesellschaft zur Abschaffung der Sklaverei gegründet. 1807 wurde das Gesetz zur Abschaffung des Sklavenhandels beschlossen, wenige Monate vor dem Tod von Lord Wilberforce die Abschaffung der Sklaverei überhaupt.

In der Folge kontrollierten englische Kriegsschiffe die Westküste, später auch die Ostküste von Afrika, um den Sklavenhandel zu unterbinden und um die Sklaven freizusetzen. Das war zwar gut gemeint, aber es machte den – weithin von Arabern kontrollierten und betriebenen – Handel keineswegs unmöglich.

Die Sklavenjäger waren der Route von Sansibar westwärts gefolgt und schließlich bis an die Quellen des Kongo in Innerafrika gelangt. Ganze Landstriche waren nach und nach von ihnen entvölkert worden. Denn es scheuten sich ja nicht einmal afrikanische Häuptlinge und Könige, ihre eigenen Untertanen an Sklavenhändler zu verkaufen. Viele der gefangen genommenen Afrikaner starben schon bei der auf sie gemachten Jagd. Krapf berichtete: »Kinder, welche noch nicht laufen konnten, wurden in Bündeln packweise zusammengebunden, an Bäumen aufgehängt und im Rauch des Feuers, das unter den

Bäumen angezündet worden war, erstickt.« Viele andere überlebten nicht die Entbehrungen der Märsche an die Küste, bei denen die Versklavten nicht nur an den Händen gefesselt waren, sondern auch durch hölzerne, an den Hälsen ständig scheuernde Verstrebungen miteinander verbunden waren.

Der »Auftrieb« von Sklaven war groß geworden. In Mombasa etwa waren durch ein Überangebot von Sklaven aus dem Inland die Preise total zusammengebrochen. Von Kilwa Kivinje aus – in der Gegend des heutigen Daressalam gelegen – wurden jährlich zehn- bis zwölftausend Sklaven aus Innerafrika verkauft.

Die arabischen Händler hatten ihren Hauptstützpunkt in Sansibar. Hunderte von Banians, also Vertreter der Händler-Kaste im westlichen Indien, beherrschten den Verkehr in der Arabischen See. Im Herbst ließen sie die breiten Segel ihrer Schiffe vom Nord-Ost-Monsun so füllen, dass sie schneller dahinsegelten als jedes englische Kriegsschiff, das ihrer hätte habhaft werden können. Sie warteten dann an der afrikanischen Westküste, bis im Frühsommer der Süd-West-Monsun sie mit derselben Geschwindigkeit an die Westküste Indiens brachte. Diese Banians waren britische Untertanen. Um ihnen auch nur etwas das Handwerk zu legen, war ein englischer Konsul in Sansibar stationiert worden. Er konnte jedoch nicht viel ausrichten gegen Sultan Seyyid Said, den dortigen großen arabischen Potentaten. Der hatte wohl berechnend 1840 seinen Regierungssitz auf Sansibar aufgeschlagen und darauf gepocht, dass das Verbot des Sklavenhandels in seinem Machtbereich nicht gelten dürfe. Letztlich ging der Handel also ungebrochen weiter.

Ludwig Krapf, der ostafrikanische Pioniermissionar, schrieb in seinen Tagebüchern: »Das Geld, das jetzt für Schiffe zur Unterdrückung des Sklavenhandels verwendet wird, könnte wesentlich besser zum Aufbau einer Kette von Missionsstationen quer durch Afrika und dann auch der Ost- und der Westküste entlang benützt werden. Auch würde der Fall der Sklaverei viel schneller und gründlicher bewirkt werden, auch der Fall der Sklavenausfuhr nach Amerika und nach Arabien.«

1845 wurde ein weiter gehendes Gesetz erlassen. Es gab den englischen Kriegsschiffen das Recht, arabische Sklavenschiffe zu stoppen und zu konfiszieren. Obwohl nur wenige englische Kreuzer in der Arabischen See stationiert waren und auch diese meist langsamer waren als die arabischen *Dhaus* mit ihren dreieckigen Segeln, gelang es der englischen Marine doch immer wieder, einige dieser Sklavenschiffe aufzubringen, also militärisch zu kapern. Die befreiten Kinder konnten nicht in ihre ostafrikanische Heimat zurückgebracht werden, wenn sie nicht erneut Opfer der Sklavenhändler werden sollten. Deswegen brachten die Engländer sie nach Bombay in Indien. 1847 wurden auf diese Weise im Persischen Golf 43 weibliche und 12 männliche Sklavenkinder befreit und in Bombay an Land gebracht. Doch wo sollten die Befreiten unterkommen? Wer würde für sie sorgen? Wer konnte ihre Sprache, ihre Mentalität verstehen? Die englischen Marine-Offiziere brachten die Befreiten kurz entschlossen zu Missionar Karl Wilhelm Isenberg. Er verstand die Galla-Sprache, die einige der Befreiten benutzten. Er hatte ja als Mitarbeiter von Ludwig Krapf lang in Äthiopien gewirkt (1833–1844) und mit ihm zusammen auf die Bekehrung der Gallas gehofft.

Ein Hoch auf die englische Marine und ihre klugen Offiziere! Bedauerlicherweise jedoch hatten die verantwortlichen englischen Regierungsbeamten größte Bedenken gegen diese Regelung. Sie wollten – schon damals! – in geradezu unverständlicher Weise Rücksicht nehmen auf mögliche Empfindlichkeiten unter den Muslimen. Die Kolonialregierung wollte nicht von ferne den Eindruck entstehen lassen, sie wollten fördern, dass ehemalige Sklaven christianisiert würden.

Doch Isenberg lagen diese Kinder am Herzen. Er behielt die meisten von ihnen im Auge und versuchte alles, was nur immer möglich war, um ihnen Freundlichkeit zu erweisen. Als dann nach und nach im Lauf der Jahre andere befreite Sklaven aus Ostafrika nach Bombay gebracht worden waren, wurden auch manche von ihnen Isenberg zugewiesen. In der von Isenberg geleiteten Money-Schule oder in einer von Isenberg beaufsichtigten 17 Volksschulen erhielten sie erste christliche Unterweisung sowie schulische und auch handwerkliche Ausbildung. Hilfreich war es, dass danach nicht wenigen der afrikanischen Jungen und Mädchen eine Weiterbildung möglich war in dem von Missionar Price eröffneten »Asyl«, das dann bald den Namen »Afrikanisches Asyl« bekam. Es wurde sogar durch die englische Kolonialregierung finanziert. Etwa zweihundert junge Afrikaner durchliefen dieses »Asyl«. Nicht wenige von ihnen begehrten sogar die Taufe. Der ehemalige Ostafrikamissionar Gottfried Deimler, der sich in der Region Bombay auf Mission unter Muslimen spezialisiert hatte, sorgte dafür, dass manche dieser Ex-Sklaven Angestellte der Eisenbahn-Gesellschaft und anderer Regierungsgesellschaften werden konnten.

Nach und nach dämmerte es jedoch den in Bombay lebenden Christen – besonders Deimler und seinen Missionarskollegen –, dass einige von den so geprägten Ex-Sklaven eine Hilfe und Unterstützung sein könnten für die so lange erfolglos scheinende Missionsarbeit von Ludwig Krapf und Johannes Rebmann in Ostafrika. Karl Isenberg und Gottfried Deimler befragten in Briefen den einsam in Rabai zurückgebliebenen Rebmann. Nachdem der freudig dem Plan zugestimmt hatte, wurde 1864 – Isenberg hatte gerade Indien verlassen – eine erste Gruppe von Ex-Sklaven nach Ostafrika eingeschifft. Aus den ehemaligen verschüchterten Kindern waren selbstbewusste junge Erwachsene geworden, die sich auf die Rückkehr zu ihren eigentlichen Wurzeln freuten. Diese Gruppe bestand aus zwei jungen Christen aus dem Yao-Stamm, die mit Galla-Mädchen verheiratet waren, und aus zwei jungen Yao-Frauen, die dazu bestimmt waren, sich in Rabai mit dortigen Wanika-Bekehrten zu verheiraten. Einer der jungen Männer hieß William Jones und war Schmied. Ishmael Semler, der andere junge Mann, war Zimmermann. George David, ein dritter Ex-Sklave, folgte später nach.

Die Ankunft der Bombay-Leute erregte in Mombasa größtes Aufsehen. Denn die Muslime in der Region von Mombasa sahen überheblich auf alle Eingeborenen herab. Nun aber staunten sie über zwei Yao-Leute, die lesen und schreiben und sich auf Englisch und auf Hindustani unterhalten konnten. Als die aus Bombay Angekommenen beim ersten Gottesdienst, an dem sie teilnahmen, ein geistliches Lied anstimmten, konnte der »alte« Afrikamissionar Rebmann – er war gerade 56 Jahre alt geworden – Tränen tiefster Bewegung nicht mehr zurückhalten. Jones und Semler, zwei der »Bombay-Boys«, wurden später die ersten einheimischen ostafrikanischen Pastoren. Auch George David war zur Ordination vorgesehen, verstarb aber vorher. Wieder einmal hatte Gott erleben lassen, was schon zuvor in West-Afrika sichtbar geworden war: Fluch kann in Segen verwandelt werden! Auch der Fluch des Sklavenhandels.

Wie Gott auch das Leben des aus Afrika verjagten Missionars Isenberg in Segen wandelte

Der Name Isenberg ist jetzt oft erwähnt worden. Die letzte Spur des bewegten irdischen Lebens von Karl Wilhelm Isenberg endete in Korntal. Sterbend zog es ihn nach Korntal. Dort wollte der in Afrika und Asien bewährte Missionar beerdigt sein. Sein und seines früh verstorbenen Sohnes Charles W. Isenberg (1840–1870) Grab sind dort zu finden, wo sich auf dem Korntaler »Begräbnisgarten« die Wege kreuzen. Beide wollten, obwohl sie keine Korntaler waren, in Korntaler Erde bestattet sein.

Der auch in Korntal bestattete Sohn Charles W. Isenberg war übrigens verheiratet gewesen mit Marie, geb. Gundert, der späteren Mutter des Schriftstellers Hermann Hesse. Als junger Missionar hatte Charles Isenberg in Indien die Arbeit seines Vaters übernommen. So betreute auch er eine ganze Reihe von Kinder- und Waisenheimen. Angesichts seines nahenden eigenen Todes hatte er den Wunsch geäußert, in Korntal neben seinem Vater bestattet zu werden.

Der am 5. September 1806 in Barmen im Wuppertal geborene Karl Isenberg konnte schon mit vier Jahren lesen. Zeit dazu hatte der Lesebegierige mehr als genug, weil er als junger Bursche über ein Jahr lang krank lag. Seine frommen Eltern hatten eigentlich damals schon alle Hoffnung für den Sohn aufgegeben. Aber wider alle Erwartung gesundete er. Auf seinem Krankenlager hatten ihn besonders die Blätter »Basler Sammlungen«, die im Elternhaus gehalten wurden, innerlich gepackt. Eigentlich wollte er selbst Missionar werden. Aber dies Ziel schien auch ihm selbst unerreichbar zu sein. Denn dagegen sprachen eindeutig seine ganze körperliche Schwäche und eben auch die unvorstellbare Armut seiner Eltern. Sie waren es, die ihren Sohn dazu drängten, ein solides Handwerk zu erlernen. So kam Karl Wilhelm nach seiner Konfirmation zu einem Klempner in die Lehre. Die musste jedoch wegen der erneut aufgeflammten Krankheit abgebrochen werden. Als den jungen Kranken sein Konfirmator Pfarrer Krall besuchte, bekannte ihm Isenberg weinend: »Ich wollte doch so gerne Missionar werden!«

Was damals unmöglich schien, wurde schließlich doch wahr: Im Dezember 1824 konnte der 18-jährige Isenberg in das Basler Missionshaus eintreten. Zusammen mit Pfarrer Krall hatten die Verantwortlichen in Basel erkannt, dass bei Karl Isenberg eine ganz besondere Begabung für Sprachen vorlag. Diese Begabung machte seine körperliche Schwäche bei Weitem wett. So hatte er, während er auf die Aufnahme in Basel hatte warten müssen, sich voll Eifer im Nu ins Lateinische, ins Griechische und vor allem ins Englische eingearbeitet. Auch war bei dem jungen Mann eine tiefe Ernsthaftigkeit zu erkennen. Wer ihn nicht genau genug kannte, meinte in seinem Wesen etwas Gedrücktes erkennen zu müssen.

Eigentlich war Karl Isenberg ein geborener Wissenschaftler. Zugleich war er aber auch ein brennender Evangelist. So gründete er überall, wohin er während seiner Ausbildungszeit kam – zuerst in Barmen, dann in Basel und in Berlin – Missions-Jünglingsvereine. Diese wirkten damals wie in einen See geworfene Steine, die Kreise zogen. Der ganze Aufbruch evangelischer Jugendarbeit im 19. Jahrhundert gründet sich auf diese ersten Zellen, die für die »Ausbreitung des Reiches Gottes« tätig sein wollten.

1828 schickte die Leitung der Basler Mission Isenberg nach Beendigung seiner Missionarsausbildung zum Theologiestudium an die Universität Berlin. Er sollte bei theologischen Lehrern wie den Professoren Hengstenberg und Neander im Verständnis der Bibel firm werden. So sollte er fähig werden, später einmal die Bibel zutreffend in fremde Sprachen zu übersetzen.

Schon früh hatten sich also bei Karl Isenberg drei ungewöhnliche Begabungen herausgestellt: Neben der Begabung zum raschen Erlernen fremder Sprachen und neben der ausgeprägten wissenschaftlichen Ader war es die Fähigkeit, andere junge Menschen zu sammeln und sie für das große Ziel der Weltmission Gottes zu begeistern.

1830 wurde er in das Basler Missionshaus zurückgerufen, um dort den Griechischunterricht zu übernehmen. Diese Aufgabe lag ihm. Doch nach kurzer Zeit wartete für den Sprachbegabten ein neuer Auftrag. Die mit Basel so eng verbundene *Church Missionary Society* in London suchte für das strategisch angelegte Missionszentrum Malta einen fähigen Mann. Er sollte als Übersetzer in das Arabische und auch in das Äthiopische einsetzbar sein. Niemand schien so geeignet zu sein wie eben Isenberg. So ließ er sich schon Ende 1830 nach England berufen, um sich in das Arabische und in das Äthiopische zu vertiefen. Bevor er jedoch noch die Arbeit in Malta beginnen konnte, wurde Isenberg Knall auf Fall nach Äthiopien entsandt. Von dort hatte Missionar Samuel Gobat einen dringlichen Hilferuf nach London gerichtet. Denn nach dem tödlichen Unfall seines einzigen Mitarbeiters stand er völlig allein, außerdem noch gesundheitlich geschwächt, in schwierigster Situation. Gut, Isenberg war auch dazu bereit, nach Äthiopien zu gehen.

Als er jedoch im Januar 1833 nach Ägypten kam, hatte Gobat schon das Land schwer krank verlassen müssen. Die Zeit bis zu dessen Wiederherstellung und Rückkehr nutzte Isenberg gut. In Kairo verbesserte er seine Kenntnisse des Arabischen und des Äthiopischen. Zwei äthiopische junge Männer, die Gobat ihm zum Unterricht anvertraut hatte, halfen Isenberg dabei. Das wichtigste Ereignis der Kairoer Zeit war aber Isenbergs Verheiratung mit Henriette Geerling aus Wesel am Niederrhein (auch sie ist auf dem Alten Friedhof Korntal bestattet). Sie war als Lehrerin in Kairo tätig gewesen. Zusammen mit dem – nur scheinbar – genesenen Gobat trafen die Isenbergs dann schließlich im April 1835 in Adwa in der Provinz Tigray ein.

Grabmale auf dem Alten Friedhof in Korntal

Wir können uns kein Bild machen von den enormen Schwierigkeiten, die Isenberg in den drei Jahren seines Wirkens in Äthiopien zu bestehen hatte. Die Missionare hatten das strategische Ideal gehabt, »der erstorbenen abessinischen Kirche neues Leben durch das Verteilen von Bibeln und durch die Predigt des Evangeliums zu bringen«. Als Folge sollte dann von Abessinien aus »der Lebensstrom auch in umliegende Länder sich ergießen«. Allerdings hatten die Missionare nicht damit gerechnet, dass auch unter ihnen selbst Rivalitäten und Schwierigkeiten aufbrechen könnten, welche den Segen ihrer Arbeit hinderten. Krapf, der nach dem endgültigen Weggang von Gobat zu Isenberg und Blumhardt gestoßen war, schrieb ironisch, aber auch selbstkritisch nach Basel: »Der Hausbau hinderte sehr den Zusammenfluss unserer Herzen. Er nahm uns Tag und Nacht in Anspruch und nahm uns so die Zeit gemeinsamer Erbauung. Auch durchkreuzten oft unsere Pläne einander. Unsere Eigenliebe fand sich gekränkt, wenn der andere etwas besser wissen wollte. Blumhardt wollte in ökonomischer Hinsicht alles besser verstehen, ich glaubte, mir gebühre die Palme der Wissenschaft, Isenberg beanspruchte für sich beides.«

Wohl hatte Isenberg sich darauf eingestellt, das Christentum als Hauptreligion Äthiopiens (damals »Abessinien« genannt) erstarrt zu finden. Aber er war dann doch tief erschüttert über das Ausmaß von Unwahrhaftigkeit und von Zuchtlosigkeit, das ihm auch bei kirchlichen Würdenträgern der einheimischen koptischen Kirche begegnete. Mit dieser harten Beurteilung stand er nicht allein. Die offiziellen Berichte der *Church Missionary Society* stellten damals fest: »Man kann sich keine Vorstellung davon machen, wie tief eine Kirche fallen kann, die zwar dem Namen nach sich als christliche Kirche ausgibt und an den alten Bekenntnissen festhält, bei der aber Glaube und Leben völlig verdorben sind. Dies ist das unbestechliche Urteil von Männern, die alles andere als Bilderstürmer waren, die vielmehr versucht haben, die Priester und die Mönche in Abessinien zu lieben, zu verstehen und einen gemeinsamen Grund für eine Zusammenarbeit zu finden.«

Gerade die orthodoxe Priesterschaft der koptischen Kirche Abessiniens sah die europäischen Missionare als Feinde an. Zwar hatte Fürst Ubie, der Landesherr der Provinz Tigray, den Missionaren Religionsfreiheit garantiert. Aber für sich selbst und für seinen Lebenswandel nahm er keine Belehrung der Missionare an. Vielmehr schenkte er zunehmend den Einflüsterungen der Priesterschaft und auch der lokalen Oberschicht Gehör. Die aber unternahmen alles nur Erdenkliche, um die Missionare wieder aus dem Land zu vertreiben. So mussten im März 1838 die Missionare Tigray verlassen, allerdings nicht ohne Bibeln zurückgelassen zu haben. Erst in unseren Tagen hat der schwedische Forscher Gustav Arén nachgewiesen: Diese Bibeln lösten fast hundert Jahre später jene Reformbewegung aus, die zur Gründung der Evangelisch-Lutherischen Mekane-Yesu-Kirche führte.

1839 unternahm der unermüdliche Ludwig Krapf einen neuen Versuch, eine Missionsarbeit in Äthiopien zu installieren. Isenberg begleitete den gesundheitlich schwer angeschlagenen Krapf. Am Anfang schien das Unternehmen hoffnungsvoll zu sein, da Sahila

Selassie, König der Provinz Shewa, Interesse an den Missionaren zeigte. Wie sich jedoch später herausstellte, ging es ihm weniger um den Christenglauben als vielmehr um technische Kenntnisse, vor allem um Waffentechnik. Isenberg verließ deshalb im November 1839 Ludwig Krapf und die Provinz Shewa, um in England den Druck seiner Werke zu begleiten.

Für Isenberg waren die drei harten abessinischen Jahre nicht umsonst gewesen. Er schuf in jener Zeit eine Grammatik, ein Wörterbuch, ein Lesebuch, eine Übersetzung des Heidelberger Katechismus, ein geografisches Unterrichtsbuch, eine Weltgeschichte, eine Bibel- und Kirchengeschichte und eine Übersetzung der englischen Kirchenliturgie – alles in amharischer Sprache, dem Hauptdialekt Äthiopiens. Den Druck all dieser Werke besorgte Isenberg 1840 in London. Er machte damit die bis dahin bei der Wissenschaft unbekannte amharische Sprache greif- und erlernbar.

1842 war Isenberg noch einmal an der Seite von Ludwig Krapf. Sie wollten die Kontakte zu König Selassie wieder aufnehmen. Nur auf beschwerlichste Weise gelang es, in die Provinz Shewa zu kommen. Aber beim dortigen König war die Stimmung endgültig in Feindschaft gegen die Missionare umgeschlagen. Es gab in Tigray oder in Gondar keine Möglichkeiten für weitere Wirksamkeit. Auch Fürst Ubie zeigte sich hart. Seine Entscheidung verschloss den Missionaren scheinbar für immer die Tür nach Äthiopien. Am 19. Juli 1843 verließ Isenberg das Land. Jedoch erlosch gar nie seine Liebe zu diesem Land, zu seiner Sprache und zu seinen Menschen. Aber es war doch wie ein wehmütiger Abgesang, als er 1844 das Buch »Abessinien und die evangelische Mission« veröffentlichte. Wo konnte denn für den erst 37-Jährigen ein Arbeitsfeld sein, auf dem er seine Gaben und seine Erfahrungen fruchtbringend einbringen konnte? Eigentlich war er über den Entbehrungen und Enttäuschungen so müde geworden, dass er sich nur noch nach »einem ganz ruhigen Platz« sehnte.

Auch die Leitung der *Church Missionary Society* wollte dem Ermüdeten einen ruhigen Posten gönnen. Sie bestellte Isenberg nach Bombay in Indien. Sie konnte ja nicht ahnen, dass just dadurch Isenberg erst recht Entscheidendes für Ostafrika bewirken können würde.

Auch Isenberg konnte das nicht ahnen. Für ihn schien das Kapitel Ostafrika abgeschlossen zu sein.

Schon der Auftakt zur Tätigkeit in Indien war traurig. Das Ehepaar Isenberg hatte beim Zwischenaufenthalt in Aden ein Töchterlein und ein in Aden tot zur Welt gekommenes Kind beerdigen müssen, zwei ältere Kinder hatten sie ohnehin in Deutschland zurücklassen müssen. Trotzdem machten sich Isenbergs mit Mut an die neue Aufgabe. Sie öffneten ihr Haus als Herberge für viele der durchreisenden Missionsmitarbeiter.

Dann aber wurde auch in Bombay entdeckt, welch eine pädagogische Gabe und Leidenschaft in Karl Isenberg steckte. Ihm wurden der Aufbau und die Leitung der missionarischen »Money-Schule« übertragen, die er am 1. Mai 1845 für 123 Knaben eröffnete. Die meisten der Schüler waren Hindus oder Muslime. Um unter ihnen, aber auch im Umfeld von Bombay als Missionar mit dem Evangelium wirken zu können, erlernte er rasch und gekonnt die Mahrati-Sprache. Neben der Leitung der Money-Schule und der Aufsicht über 17 Volksschulen der Region von Bombay sah Isenberg seine besondere Aufgabe darin, in dem ganzen Völkergemisch der großen Stadt Bombay gerade solche Klassen zu unterrichten, in denen junge Leute aus den verschiedensten Sprachen beieinander waren: Mahratten und Guzerathen, Tamilen und Malabaris, Afrikaner, Israeliten und sogar Chinesen.

Um für die Sache der Mission auch Europäer zu gewinnen, die in Bombay stationiert waren, gab Isenberg eine Monatsschrift mit dem Titel »Bombay Record« heraus. Nicht genug damit: Vielmehr zog er monatelang mit einem Ochsenwagen im Hinterland von Bombay von Dorf zu Dorf, um Indern von Jesus zu erzählen und um einsame Missionare zu besuchen.

Dies alles war zuletzt dann doch zu viel für ihn. Er versuchte, wieder zu Kräften zu kommen. Er legte Sekretariat und Redaktion der Zeitschrift nieder. Durch eine Küstenfahrt und durch einen Aufenthalt in gesunder Gebirgsluft suchte er Ablenkung für die Seele und Stärkung seines Körpers. Doch nichts schlug an. So entschloss er sich zu einem Heimaturlaub zusammen mit seiner Familie, den er vom Sommer 1852 bis zum Dezember 1854 in Deutschland verlebte. Als er aber hörte, dass »Vater Spittler« einen neuen Anfang der Äthiopienmission mit Chrischona-Brüdern machen wollte, eilte er nach Riehen, um von dort aus die für die Mission vorgesehenen Brüder in Amharisch zu unterrichten. Seine Söhne brachte er nach Korntal in die dortigen Institute, um persönlich wieder frei zu sein für einen neuen Arbeitsabschnitt in Indien.

Es folgten zehn Jahre des Wirkens in Bombay. Unermüdlich war Isenberg tätig als Lehrer, Gastgeber, Prediger, Übersetzer und vor allem als Missionar in und um Bombay. Als älterer Bruder konnte er vielen müde gewordenen Missionaren Seelsorger, Mutmacher und Berater sein. Besondere Fürsorge ließ er der missionarischen Mustergemeinde Scharanpur angedeihen, in der das »Asyl« durch seine Anregungen zum »Afrikanischen Asyl« ausgebaut wurde. Vor allem sorgte Isenberg auch dafür, dass die verschiedenen Publikationen von Dr. Ludwig Krapf in Indien gedruckt werden konnten, und zwar wesentlich preiswerter als in Europa. Damit verhalf Karl Isenberg der finanziell immer bedürftigen Ostafrika-Missionsarbeit von Krapf und Rebmann zu entscheidender Breitenwirkung.

Von allergrößter Bedeutung für das Aufblühen der so lange nicht lebensfähig scheinenden Ostafrika-Mission war es jedoch, dass – wie schon beschrieben – die »Bombay-Boys« und » –Girls« nach Rabai in Ostafrika gesandt werden konnten. Dort bildeten sie zusammen mit den ersten dort Getauften eine einheimische Gemeinde.

Karl Isenberg ließ sich in seinem Wirken nicht aufhalten, als in der Nähe seiner Milz eine Verhärtung rasch zunahm. Am liebsten hätte er sein Leben in Indien vollendet. Doch die Ärzte rieten ihm, nach Europa zurückzukehren. Am 5. September 1864 traf das Ehepaar Isenberg in Stuttgart ein. Charles, der älteste Sohn, empfing die Eltern auf dem Bahnhof. Welche Freude für Eltern und Sohn, die sich kaum mehr erkannten! Trotz bester Pflege wuchs das schwammartige Gewächs im Körper von Karl Isenberg rasch. Der Leidende saß meist klaglos im Lehnstuhl. Gobat und Krapf besuchten ihn oft. Morgens und abends hielt der Schwerkranke selbst Andacht mit den Seinen. Es war ihm wichtig, mit lauter Stimme in Lob- und Danklieder einzustimmen. Am 10. Oktober 1864 stand sein Herz still. Eine große Schar von Korntaler Gemeindegliedern und württembergischen Missionsfreunden geleitete den Sarg des Missionspioniers zu seinem Grab im »Begräbnisgarten«.

In einem der Lieblingslieder von Karl Wilhelm Isenberg, in dem Hiller-Lied »Die Gnade sei mit allen«, heißt es:

Auf Gnade darf man trauen,
man traut ihr ohne Reu,
und wenn uns je will grauen,
so bleibt's: der Herr ist treu!

Johann Martin Flad (1831–1915)

Ein Leben für Äthiopien

Das ferne Äthiopien geriet in den Blick von europäischen Christen

»Dem Mohammedanismus wird bald der Garaus gemacht werden!« Das war um 1810 die Überzeugung vieler Christen in Württemberg. Sie rechneten mit dem baldigen Anbruch des »Tausendjährigen Reiches«. So hatte es auch der junge Undinger Johann Martin Flad aus dem Mund eines Onkels, eines frommen Schmiedemeisters, gehört.

Aber auch unreligiöse Europäer hatten als Parole ausgegeben: »Die ganze vorderasiatische Welt muss und wird aus der Enge islamischen Denkens und Glaubens befreit werden!« Darauf zielten zu Beginn des 19. Jahrhunderts die Bestrebungen vieler westlicher Staatsmänner. Die europäischen Großmächte engagierten sich stark im Vorderen Orient, weil sie alle das Erbe des »kranken Mannes am Bosporus« – wie man die dort zentrierte osmanische Herrschaft nannte – antreten wollten.

Auch viele christliche Missionsstrategen wollten den Islam beerben, den man im Absterben vermutete. Solche Einschätzungen gab es bei der jungen Basler Mission und bei der mit ihr verbundenen englischen *Church Missionary Society* (CMS). Evangelische Christen in England und in Deutschland fühlten sich deshalb dazu herausgefordert, auf die alten und verkrustet erscheinenden Kirchen des Ostens belebend einzuwirken. Also auf die Griechen, die Armenier, die Kopten und auch auf die orthodoxe Kirche Abessiniens. Dorthin entsandte Missionare sollten diesen ehrwürdigen Kirchen zu einer Reformation verhelfen. Neu belebt könnten sie dann auf ihre mohammedanische Umgebung missionarisch einwirken.

Von ganz besonderem Interesse war das alte Königreich Äthiopien. In den Hochländern der »Habescha« (europäisch: Abessinien) mit ihrem gesunden Klima und mit ihren ertragreichen Böden lebte ein ganz besonderes Volk. Ein altes christliches Reich, von seinen »Königen der Könige« immer »Äthiopien« genannt, hatte durch die Jahrhunderte den Invasionen muslimischer Eroberer widerstanden. Die Legende erzählt, die abessinische Religiosität sei beeinflusst worden durch die Begegnung von Salomo mit der Königin von Reicharabien. Immerhin war der in der Apostelgeschichte erwähnte Schatzmeister der äthiopischen Königin Kandaze sogar »zur Anbetung« nach Jerusalem gekommen. Es müssen also schon sehr früh enge Beziehungen zwischen Äthiopien und dem Israel vor der Zerstörung des Jahres 70 n. Chr. bestanden haben.

Auf diesem ganzen Hintergrund ist zu verstehen, dass 1825 die Basler Mission und die mit ihr verbundene englische *Church Missionary Society* Missionare nach Abessinien entsandten. Das geschah parallel zur Aussendung von Pioniermissionaren in den Kaukasus, nach Malta und nach Ägypten. Die in Basel ausgebildeten CMS-Missionare Samuel Gobat und Christian Kugler zogen nach Äthiopien. Ihnen folgten die Missionare Karl Wilhelm Isenberg, Carl Heinrich Blumhardt, Johann Mühleisen und Ludwig Krapf. Sie wurden später – nach unsäglichen Mühen und nach manchen erfolglosen missionarischen Versuchen – aus Abessinien wieder vertrieben. Es muss vermutet werden, dass dahinter Machenschaften französischer Jesuitenmissionare und auch orthodoxer Priester Äthiopiens standen. Die menschlich so gut gemeinte Missionsstrategie schien gescheitert zu sein. Und die hervorragenden Sprachstudien von Isenberg und Krapf, die zu Wörterbüchern und Grammatiken der amharischen Volkssprache geführt hatten, schienen umsonst gewesen zu sein.

Gottes Strategie

Gott hatte sich inzwischen in der Person von Johann Martin Flad ein besonderes Werkzeug für seine Mission zubereitet. Der Vater des am 7. Januar 1831 in Undingen geborenen Johann Martin Flad war viel zu früh seiner hoch verschuldeten Familie und seinen acht Kindern weggestorben. Flad musste sich schon in der Jugend in Bedürfnislosigkeit einüben. Der junge Martin hätte gerne ein Lehrerseminar besucht. Aber dazu reichte das Geld nicht. So kam er in die Lehre zu einem Sattler im benachbarten Erpfingen. Dort hatte er bei harter Arbeit und geringem Lohn auch menschlich viel auszuhalten. Für den jungen Gesellen verzögerte sich die übliche Wanderschaft wegen der Revolution von 1848. Erst an Ostern konnte der Handwerksbursche in die Schweiz ziehen, wo er – nach einjähriger Arbeit in Winterthur – sich im neu eröffneten Brüderhaus auf St. Chrischona bei Basel um Aufnahme bewarb. 1850 wurde der 19-Jährige von Christian Friedrich Spittler als Zögling der jungen, aber auch bitterarmen Brüderanstalt für »Handwerkermissionare« aufgenommen. Flad berichtet von jener Zeit: »Man kam hungrig zu Tisch und ging ungesättigt vom Tisch!« Doch anders als manche Mitbrüder hielt Flad drei entbehrungsreiche Jahre durch. Gestärkt war nicht nur seine Zähigkeit, sondern auch seine Bereitschaft, »sich selbst zu verleugnen«. So schlug er ein verlockendes Angebot aus, in Reute im schwäbischen Oberland eine kleine evangelische Gemeinde zu betreuen. Stattdessen wurden unvorhergesehene »harte Strapazen eine gute Vorschule für Äthiopien« – über sie später mehr! Die Strapazen gehörten – wie auch der ganze beschwerliche Werdegang des kommenden Pioniermissionars – zur guten Strategie Gottes.

Zur guten »Strategie« Gottes hatte schon zuvor gehört, dass 1846 der Abessinien-Missionar Samuel Gobat – 1836 hatte er nach unsäglichen Mühen Abessinien schwer krank verlassen müssen – auf ganz eigenartige Weise anglikanischer Bischof des in jenen Jahren neu errichteten englisch-preußischen Bistums Jerusalem geworden war. In seinem »Windschatten« konnten sich in der Folge manche verheißungsvollen missionarischen und diakonischen Aktivitäten im Heiligen Land ansiedeln. Bischof Gobat war auch voller Erwartung wach dafür, dass Gott noch einmal eine Tür für die Mission in Äthiopien aufstoßen würde. Er war sogar bereit, unter seiner eigenen Verantwortung eine spezielle Abessinien-Mission zu beginnen.

1854 schien der Augenblick dafür gekommen zu sein. Ein putschender Prinz hatte sich als Theodoros II. des ehrwürdigen Thrones des »Königs der Könige« (*Negus Negesti*) bemächtigt. Bischof Gobat setzte große Hoffnungen auf diesen neuen Regenten. Er sah den jungen Kaiser als einen Mann des Fortschritts an. Er hoffte, er werde der Mission gegenüber tolerant sein. Gobat beauftragte deshalb Missionar Dr. Ludwig Krapf, seinen Freund und früheren Abessinien-Mitarbeiter, in Abessinien den Versuch einer »Handwerker-Mission« zu machen. In Äthiopien sollte also das »Chrischona«-Modell des rührigen Baseler »Erfinders« Christian Friedrich Spittler (1782–1867) erprobt werden: Keine Missionsstationen mit dem Ziel öffentlichen Auftretens bei Gottesdiensten, Straßenpredigten und Schularbeit! Vielmehr sollte die Arbeit begonnen werden mit stillem *Tentmaker*-Wirken (»Zeltmacher«-Wirken) als Handwerker, Landwirte und Viehzüchter. Daraus sollten Glaubensgespräche mit jungen Leuten erwachsen, denen dann auch die Bibel vertraut gemacht würde. Spittler meinte: »Ein solch schlichter Dienst ist nicht unter der Würde eines edlen Menschen. Schließlich hat es der Apostel Paulus auch so gehalten. Vor allem wird dies der einzig mögliche Weg sein, Abessinien zu evangelisieren. Ihr könnt nichts Rechtes tun, bis ihr euch vor den Augen des Volks als wahre Jünger Jesu Christi legitimiert habt!«

Konsequent wurde 1855 bestimmt, dass Johann Martin Flad als Zögling der »Handwerker-Missions-Anstalt Chrischona« den erfahrenen Dr. Krapf nach Abessinien begleiten sollte. Dort sollten die beiden die Lage erkunden. Vieles schien verheißungsvoll zu sein. Der äthiopische König hatte den Bischof Gobat sogar ausdrücklich wissen lassen: »Ich werde mich freuen, wenn Ihre Leute als nicht-ordinierte in mein Land kommen. Sie können mein Volk im Wort Gottes unterrichten. Aber sie dürfen keine eigenen Gemeinden gründen!« Die Tür nach Äthiopien schien weit offen zu sein. Was jedoch kam, waren unsagbare Entbehrungen, Krankheitsnöte, Rückschläge, Widerstände – kurz: die endlose Leidensstraße der Armut Abessiniens.

Äthiopischer Missions-Alltag

Es war schon ein Wunder Gottes, dass im Frühjahr 1855 die erste Inspektionsreise von Flad und Dr. Krapf nicht im Fiasko endete. Schlimmer noch als massenhaftes Ungeziefer, Hitze, schlechte Verpflegung, Sandstürme und ein verheerender Sturm während der

Überfahrt auf dem Roten Meer war das Fieber, das die beiden überfiel. Der total erschöpfte Dr. Krapf ließ sich in Europa ausheilen. Flad benutzte dessen Genesungszeit, um in Jerusalem intensiver die amharische Sprache zu studieren. Einen verlockenden Ruf der englischen Church Missionary Society, in Ostafrika zu wirken, schlug er aus. Er wollte seiner Berufung treu bleiben, Äthiopien zu dienen.

Im Dezember 1855 zog er dann zusammen mit drei Chrischona-Brüdern unter großen Entbehrungen nilaufwärts bis ins abessinische Hochland. Auf ihrem strapazenreichen Kamelritt kamen sie, selbst fieberkrank, durch Leichenfelder einer von Cholera verseuchten Gegend. Flad ließ sich weder dadurch noch durch eine unsagbar schmerzhafte Zahnfistel – die Ärzte vermuteten Knochenfraß – abschrecken. In festem Glauben vertraute er auf die Hilfe seines Heilandes und erlebte Wunder der Heilung und Bewahrung.

Im August 1858 kamen zwei weitere Chrischona-Brüder nach. In den ersten Jahren ihres Wirkens schien alles gut zu gehen. Die Handwerker-Brüder mussten allerdings für den König auch Straßen bauen und auch Flinten, ja sogar Kanonen und dicke Mörser gießen. Dafür erhob sie der König in den Adelsstand. Er sah es auch gerne, dass einer der Missionare sich mit einer Dame aus dem äthiopischen Hochadel verheiratete. Ein Nachkomme aus dieser Verbindung wurde der bekannte Schauspieler Sir Peter Ustinov.

Flad selbst konnte ab und zu mit König Theodoros II. sprechen, der damals eifrig die Bibel studierte und sich mit den Missionaren über die Bibel austauschte. Bei Flad keimte die Hoffnung auf, der Herrscher könnte Reformator der äthiopischen Kirche werden. Der König schaffte den Sklavenhandel und auch die Vielweiberei ab. Er selbst lebte in Einehe mit der Königin Tauabetsch, die einen guten Einfluss auf ihn hatte. Der König unterstützte die Missionare. Er verteidigte sie gegen neiderfüllte Anklagen der äthiopischen Priesterkaste. Für die weiten Reisen in das Innere des Landes ließ der Herrscher die Chrischona-Brüder großzügig ausrüsten. Allerdings dachte er dabei hauptsächlich daran, dass die europäischen, vor allem die schweizerischen Handwerker-Missionare ihm zu militärischer Stärke verhelfen könnten.

Die Falaschas kamen in den Blick

Wirklich aufgeschlossen für den Christusglauben zeigte sich jedoch nur eine ganz besondere Volksgruppe, nämlich die Falaschas. Die Falaschas galten als die »schwarzen Juden Abessiniens«. Im Zentrum von Abessinien lebten damals etwa 150 000 dieser sog. *Falaschas* (übersetzt: die Vertriebenen, die Verbannten). Sie selbst nannten sich *Beta Isra'el* (übersetzt: Haus Israel). Ihnen galt der Lebenseinsatz von Johann Martin Flad und seiner ganzen Familie.

Ob die Falaschas – wie Dr. Krapf vermutete und was bis heute gängige israelische Version ist – Reste der »verlorenen Stämme« des ehemaligen israelischen Nordreiches sind, oder ob sie – wie Flad annahm – als Äthiopier alttestamentliche Sitten angenommen hatten, ist nicht mehr zu klären.

Als Flad seinen Freunden von der Existenz dieser Volksgruppe berichtete, leitete Bischof Gobat diese Nachricht sofort an die Londoner Juden-Missionsgesellschaft weiter. Umgehend entsandte diese Heinrich Aaron Stern (1820–1885) nach Äthiopien, den mutigen, fantasievollen, im Irak, in Persien, in Saudi-Arabien und in Konstantinopel bewährten Pionier-Judenmissionar. In Abessinien gründete Stern zusammen mit Flad im Jahr 1859 die Falascha-Mission als eine selbstständige Missionsgesellschaft. Ihr diente Flad als »Juden-Missionar« (so die Berufsbezeichnung im Korntaler Familienregister). Bis zu seinem Tod im Jahr 1915 war er Vorsitzender dieser selbstständigen Missionsgesellschaft.

Stern war es auch, der 1860 mit König Theodoros II. wegen der Missionierung der Falaschas verhandelte. Damals erlaubte der König die Missionierung unter dieser speziellen Volksgruppe. Allerdings sollten die Bekehrten in die äthiopische Kirche hinein getauft werden. Nach ermutigenden Anfängen dieser Mission unter den Falaschas fiel jedoch »ein Reif in der Frühlingsnacht«.

Nach dem Tod der Kaiserin Tauabetsch kam ein böser Geist über den Kaiser. Er wurde zum unberechenbaren, tyrannischen Alkoholiker, den man nur noch fürchten konnte. Er öffnete sich den Einflüsterungen junger Schmeichler. So wurde der Sklavenhandel wieder freigegeben. Hohe Steuern wurden erhoben, die den Handel erschwerten. Ständig wurden Kriege mit Nachbarländern geführt. Die um Einfluss auf Abessinien rivalisierenden Großmächte Frankreich und England hielten den Kaiser in Spannung. Dazu kam, dass der englische Konsul in Äthiopien durch Ungeschicklichkeit oder gar durch Leichtsinn die Beziehungen zwischen Theodoros II. und England gründlich verdarb. Als dann noch die Repräsentanten der einheimischen orthodoxen Kirche und auch katholische Missionare gegen die evangelischen Missionare Misstrauen säten, da änderte sich die wohlwollende Einstellung des Königs gegenüber der evangelischen Mission.

Schreckliche Erfahrungen

Der König und die Missionare entfremdeten sich voneinander. Es kam sogar so weit, dass der Regent Flad und seine Mitmissionare zwang, dabei zu sein und zuzusehen, als er einen seiner Feinde hinrichten ließ. Als der Unglückliche noch lebend am Galgen baumelte, feuerte der König zweimal sein Gewehr auf den Sterbenden ab und ließ ihn dann durch seine Lanzenträger zu Tode quälen. Flads Bericht endet mit dem Gebet: »Ach Herr, lass mich lieber ein Raub von Löwen werden, als in die Hände dieser Unmenschen fallen zu müssen!«

Auch über Missionar Stern zog sich das Unwetter königlicher Willkür zusammen. Zuerst ließ der Herrscher die beiden Diener des deutsch-englischen Missionars grundlos so mit Stöcken schlagen, dass sie wenige Stunden später ihren Verletzungen erlagen. Stern wurde gezwungen, diese Barbarei mit anzusehen. Vor verzweifeltem Schrecken biss er sich in den Finger. Der Kaiser deutete dies als ein Rachegelöbnis. So wurde nun auch Stern bis zur Ohnmacht geschlagen und, an den Füßen mit Ketten gefesselt, in ein Verlies geworfen. Es war ein Wunder, dass er nicht starb. Auf seine Bitten hin bekam Flad die Erlaubnis, Stern täglich zu besuchen und zu pflegen.

Aber auch Flads Tage in Freiheit waren gezählt. Zunächst wurden am 13. November 1863 seine Gefährten zusammen mit seiner Frau Pauline samt ihren beiden kleinen Kindern brutal gefangen gesetzt. Flad selbst entging der Gefangennahme, da er in jenen Tagen auswärts weilte. Vermutlich wollte der König den Missionar unversehrt als Geisel oder als möglichen Unterhändler in der Hand behalten. Umso schrecklicher war es für Flad, als stummer Zeuge mitbekommen zu müssen, wie seine Frau und die anderen Missionare vor einem großen Tribunal angeklagt wurden. Dabei stellte sich heraus: Ein katholischer Franzose, der sowohl die Protestanten als auch erst recht die Engländer hasste und sie aus Abessinien vertrieben haben wollte, hatte den *Negus Negesti* misstrauisch gemacht. Zudem war es dem König gelungen, einen von Frau Flad an Bekannte in England gerichteten Brief abfangen zu lassen. In diesem Brief hatte Frau Flad unter anderem von dem grausamen Vorgehen des Kaisers berichtet. Nun traf die ganze Wut, die der Kaiser auf das englische Reich und seine Regierung hatte, eine Reihe von Engländern, vor allem auch die Familie Flad und all die einst so geschätzten und durch ihn geförderten Missionare. Man wollte von ihnen Geständnisse erpressen, dass sie insgeheim im Auftrag Englands sich gegen Äthiopien verschworen hätten. Es wurden Foltermethoden angewandt, die so grausam, ja bestialisch waren, dass man sie nicht schildern mag. Besonders hart trafen die barbarischen Gräuel den Engländer Stern, der insgesamt fünf Jahre lang in Gefangenschaft schmachtete. Eigentlich wollte der Kaiser ihn aufhängen lassen. Später bekannte er fast reumütig: »Aber Gott hat es mir nicht erlaubt!«

Das Ende des Negus – auch das Ende der Falascha-Mission?

Im Januar 1864 wurde auch Flad gefangen genommen und mit Ketten an einen äthiopischen Soldaten geschmiedet. (Lange Zeit wurden noch Glieder dieser Ketten in Korntal aufbewahrt und im einstigen »Missionsmuseum« gezeigt.) Wie gefährliche Verbrecher brachte man alle Missionare auf die Felsenfeste Magdala. Aber auch das hielt die Männer, allen voran Stern, nicht davon ab, nun auch unter den Gefangenen zu missionieren. Erst ein eigenhändig geschriebener Brief der englischen Königin Victoria, dem Verhandlungen englischer Parlamentäre folgten, linderte das Schicksal der Gefangenen. Zwar wurden sie noch einmal vor den *Negus* geführt; er wollte über sie öffentlich Gericht halten. Die Anklage lautete auf »Beleidigung des Herrschers«. Um seine ganze Würde darzulegen, ließ der König sein Geschlechtsregister vorlesen, das unter seinen Ahnen Abraham, David und Salomo aufführte. Dann wurde die Verhandlung abgebrochen. Am nächsten Morgen wurden den Gefangenen die Ketten abgenommen. Der Herrscher hatte sich offenkundig zu einer neuen Strategie entschlossen. Zu ihr gehörte, Flad in des Königs Auftrag als Gesandten zur englischen Königin Victoria zu senden, um eine Vermittlung zustande zu bringen.

Während dieser Zeit – es wurde fast ein ganzes Jahr, von April 1867 bis April 1868 – behielt der äthiopische Herrscher Frau Flad, ihre Kinder und die anderen Missionare als »Pfand« in schauerlicher Gefangenschaft zurück. Zwar schlugen alle Verhandlungen Flads fehl. Aber immerhin hatte die englische Queen Flad persönlich zugesagt, sich für die Befreiung der Gefangenen einzusetzen. Ein englisches Expeditionskorps – als landeskundiger Experte war auch Dr. Ludwig Krapf dem Heereszug beigegeben worden – unter Führung von General Napier rückte auf die Bergfeste Magdala zu. Das brachte die Gefangenen erst recht in Gefahr. Nicht zu Unrecht wurde vermutet, der König wolle sie totprügeln oder sie eine fünfzig Meter hohe Felswand hinabstürzen lassen. Als jedoch am Karfreitag 1868 die Engländer zum Sturm ansetzten, war es der König, der um sein Leben bangte. Flad riet dem König, um Frieden zu bitten. Der entschloss sich jedoch, sich selbst die Kugel zu geben.

Die endlich Befreiten kehrten im Gefolge des englischen Expeditionskorps zur See nach Suez, dann weiter über Kairo und Jaffa nach Europa zurück. Denn die überaus aufwendig organisierte englische Befreiungsarmee hatte das eroberte Land ohne alle Schutzgarantien verlassen. General Napier hatte die Missionare geradezu gezwungen, zusammen mit der englischen Armee aus dem Land abzureisen. Zu ihnen gehörten Johannes Maier (1831–1893), Christian Friedrich Bender (1827–1875), Karl Heinrich Saalmüller (1829–1906), Theophil Waldmaier (1832–1915), Wilhelm Staiger (1835–1904), Friedrich Wilhelm Brandeis (1835–1920) und Moritz Hall (1838–1914). Ohne jede Habe gelangte Johann Martin Flad mit den Seinen zu seinem Bruder in Untertürkheim. Von dort holte Dr. Krapf (1810–1881) die Familie seines Freundes und ehemaligen Missionsgefährten in »sein Korntal«.

Äthiopien und Korntal

In Korntal geschah es dann, dass Flad auf ein ihm angetragenes hohes politisches Leitungsamt in Ägypten verzichtete. Der ägyptische Vizekönig hatte nämlich den geradezu »staatsmännisch« begabten Flad dazu berufen, Gouverneur der südlichen, an Äthiopien angrenzenden Provinzen Ägyptens zu werden. Dem fähigen Missionar hatte es der Vizekönig zugetraut, ein friedliches Verhältnis zwischen Äthiopien und Ägypten zustande zu bringen. Am Ostermontag 1876 kam es zu einer denkwürdigen Zusammenkunft von Korntaler Brüder-»Häuptern«. Sie sollten Flad in dieser Sache beraten. Dr. Krapf wertete den Ruf in diese – übrigens mit hohen Ehren und mit verlockend fürstlicher Bezahlung dotierte – Aufgabe als eine einzigartige Chance für die Sache der Mission. Sie dürfe unter keinen Umständen verpasst werden. Auch Institutsvorsteher Professor Dr. Pfleiderer, ja selbst Pfarrer Staudt waren davon überzeugt, dass ein Christ als regierender Pascha in Südägypten viele Türen für die evangelische Mission öffnen könne. Jedoch gaben Lehrer Maier und Vorsteher Daur (beide die entscheidenden »Häupter« der damaligen Korntaler Hahn'schen Gemeinschaft) zu bedenken, dass es für Flad als Christ und als Missionar überaus schwierig werden könnte, einem muslimischen Herrscher zu dienen.

Flad entschloss sich, das ehrenvolle ägyptische Anerbieten abzulehnen. Als Folge davon kehrte sich der langjährige väterliche Freund

Dr. Krapf brüsk von Flad ab. Lange Zeit erwiderte Dr. Krapf den Gruß von Flad nicht mehr. Jedoch dankten die zu Christen gewordenen Falaschas in Äthiopien Gott dafür, dass Flad nicht einem Muslim und dazu einem ägyptischen Feind Äthiopiens dienstbar geworden war.

Flad fühlte sich durch diese Entscheidung frei, sich ganz der Leitung der Falascha-Mission zu widmen. Möglich war dies nur dadurch, dass Flad im Lauf der darauf folgenden Jahre einen intensiven Briefwechsel mit den inzwischen herangewachsenen einheimischen Verantwortlichen aufrecht hielt und dann auch insgesamt fünf überaus strapaziöse Besuchs- und Inspektionsreisen nach Abessinien, mindestens aber bis an die Grenzen von Abessinien unternahm. Zu jeder von ihnen wurde Flad vom Brüdergemeinderat im Großen Saal eingesegnet. Korntal wurde dadurch nicht nur die Heimatbasis der Falascha-Mission. Sondern es wurde auch durch dies alles das starke Band zwischen Ostafrika und Korntal komplettiert, das durch die Ostafrikamissionare Karl Wilhelm Isenberg (1864 in Korntal bestattet), Johannes Rebmann (1875 in Korntal gestorben und bestattet) und Dr. Ludwig Krapf (1881 in Korntal verstorben und bestattet) geknüpft worden war. Die Fürbitte für die kleinen, aber wachsenden Christengemeinden in Ostafrika, besonders in Äthiopien, gehörte in jenen Jahren zum immer wiederkehrenden »Standard« in der Brüdergemeinde Korntal.

In der Evangelischen Brüdergemeinde Korntal fand Johann Martin Flad seine engere geistliche Heimat in der Michael-Hahn'schen Gemeinschaft. In sie war er durch Institutsvorsteher Hoß (1834–1882) eingeführt worden. 1881 wurde Flad anstelle des damals schwer erkrankten Hoß in den Brüdergemeinderat gewählt. Obwohl er von der abessinischen Mission her manchen Kampf und manchen Kummer gewohnt war, fühlte sich Flad im Brüdergemeinderat als »Lastenträger«. Besonders bis zum Jahr 1888 litt er unter dem Amt, also während des »siebenjährigen Krieges, den Pfarrer Körber in seiner ungeistlichen Art heraufbeschworen hatte« (Originalton Flad in seinem Rechenschaftsbericht »Sechzig Jahre in der Mission unter den Falaschas in Abessinien«).[2] Dieser »Krieg« führte damals zu einer tiefen Krise in der Brüdergemeinde und zu manchen bedauerlichen Scheidungen.

In Korntal gab es aber auch erfreuliche Ereignisse. So feierte die ganze Gemeinde im Saal mit, als 1908 die Eheleute Flad ihre Goldene Hochzeit begehen konnten. Johann Martin Flad hatte im Oktober 1858 in der Zions-Kirche von Jerusalem die damalige Kaiserswerther Diakonisse und Apothekenschwester Pauline Keller geheiratet. »Ohne sie wäre ich nicht geworden, was ich bin«, so konnte Flad anerkennend sagen. Frau Pauline Flad hatte zusammen mit ihrem Mann und ihren Kindern die schrecklichen äthiopischen Entbehrungs- und Gefangenschaftszeiten durchlitten.[3]

Eine zusätzliche Last war zwei Jahre vor diesem Ehejubiläum auf Flad gelegt worden: Nach einem unerklärlichen Erstickungsanfall konnte der sonst so widerstandsfähige Missionar nur noch durch einen raschen Luftröhrenschnitt gerettet werden. Das schmerzhafte täglich zweimalige Aus- und Einführen einer 15 Zentimeter langen Silberkanüle machte es Flad möglich, mit diesem »Pfahl im Fleisch« noch neuneinhalb Jahre für Korntal und für die Falascha-Mission zu wirken.

Johann Martin Flad, der willensstarke, hochgewachsene »Mann von Welt«, »in seiner Selbstlosigkeit der Inbegriff eines Christen im wahrsten und tiefsten Sinn« (so Professor Dr. Edwin Hennig), hatte auch für seinen Tod vorgesorgt. Auf seinem Grabstein, der sich bis heute an der Westmauer des Neuen Friedhofs von Korntal findet, sollten die beiden Worte stehen: *Jesus ist unser Friede* und *Mohrenland wird seine Hände ausstrecken zu Gott* (Psalm 68,32). Am Vorabend des Karfreitags 1915, exakt 47 Jahre nach der wunderbaren Befreiung aus schrecklicher Gefangenschaft, wurde Johann Martin Flad in den ewigen Frieden seines Herrn Jesus hineingeholt.

Bleibende Frucht

Die einzige bleibende Frucht der so dringlich erstrebten Missionsarbeit in Äthiopien war die Falascha-Mission. Johann Martin Flad hatte sie zusammen mit Missionar Stern 1860 begonnen, »der königlichen Kanoniererei müde«. Allerdings gab es keine andere Möglichkeit, als die Leitung der Mission von Korntal aus zu betreiben.

Zwar war um 1870 versucht worden, eine ganze Reihe junger Äthiopier in der Gobatschule von Jerusalem, aber auch in Basel, besonders aber auf St. Chrischona zum Verkündigungsdienst auszubilden. Es sollte eine breite Schicht von christlichen Verantwortungsträgern herangebildet werden. Als jedoch aus ihrer Mitte der begabte Hailu Wossen1872 in Basel starb und auch der ehemalige Falascha-Jüngling Michael Aregawi an Tuberkulose erkrankt war, wurde dies ungewöhnliche Experiment abgebrochen. Die Äthiopier hatten weder das harte Klima der europäischen Winter ertragen noch waren sie gegen die damals noch grassierende Tuberkulose immun. Unter den wenigen Überlebenden dieses Experimentes waren der später so wichtige Michael Aregawi und auch Gobau Desta. Dieser war – nach einer ersten Schulzeit in der Gobatschule von Jerusalem – von 1873 bis 1877 auf St. Chrischona ausgebildet worden. Er wurde – nach mancherlei ehrenvollen Aufgaben, gerade auch in diplomatischen Diensten und als Bürgermeister von Gondar – unter dem damals noch jungen Kaiser Haile Selassie (1892–1975) Vizepräsident des äthiopischen Senates. Während der italienischen Besetzung Äthiopiens (1936–1941) gehörte er zu den Organisatoren des äthiopischen Widerstandes gegen die Besatzungsmacht. Er starb 1950 im Alter von etwa 95 Jahren als der letzte jener äthiopischen Intellektuellen, die den modernen Staat Äthiopien aufgebaut hatten. Bis zum Lebensende wusste er sich Basel und der Familie Flad verbunden.

Die Verantwortung für die Missionsarbeit in Äthiopien übernahmen die zum Martyrium bereiten einheimischen Christen Debtera Beru und Michael Aregawi. Sie sorgten auch für die Verbreitung der ihnen von Flad in Fülle zugesandten Schriften. Dazu gehörte dann besonders die von Flad ganz ins Amharische übersetzte Bibel. Die beiden getauften Falascha-Christen begleiteten Flad, als der bei seiner Inspektionsreise im April 1874 in Audienzen sowohl vom neuen König Johannes als auch vom orthodoxen Erzbischof, dem Abuna, empfangen und freundlich angehört wurde. Zwar wurde Flad das

Verbleiben im Lande nicht gestattet. Aber seiner Mission wurde das Wirken unter den Falaschas zugestanden. Sogar Feinde der Missionsarbeit von Johann Martin Flad schätzten ihre Wirkung hoch ein. Das zeigte sich etwa an dem hasserfüllten Widerstand, der ihr entgegenschlug. Besonders der jüdische Franzose Jakob Faitlowitsch versuchte, die weltweite Jüdische Allianz für einen Kampf gegen die Falascha-Mission zu mobilisieren. Die Gegner Flads mussten zugeben, dass es diesem gelungen sei, trotz einfachster Bedingungen »mehrere tausend Falaschas zum Übertritt in die abessinische Kirche« zu führen. Diese Falaschas, die keine eigene Kirche gründen durften, waren sozusagen die »Stundisten« Äthiopiens geworden, ja so etwas wie der Sauerteig für die ganze Bevölkerung Äthiopiens. Liebevoll wurden sie auch die »Kinder Flads« genannt.

Nach dem Tod von Johann Martin Flad und nach dem Ende der Wirren, die durch den Ersten Weltkrieg ausgelöst worden waren, nahm 1922 Flads Sohn Friedrich, damals Pfarrer in der Schweiz († 1951), den fallen gelassenen Faden der Falascha-Mission wieder auf. Er fand einen Förderer in König Haile Selassie I. (während der italienischen Invasion 1936–1941 in englischem Exil überlebend, 1974 gestürzt durch die marxistische Revolution). Haile Selassie I. war ein für evangelische Mission sehr aufgeschlossener Herrscher, der auch das Wirken von Johann Martin Flad und das seines Sohnes voll würdigte.

Es war das Vermächtnis von Johann Martin Flad an alle, denen Weltmission wichtig war: »Liebe Freunde, Gott hat mit Äthiopien und erst recht mit Ostafrika noch Großes vor!« Von dieser, durch keine Strapaze und auch durch keine Enttäuschung zu dämpfenden Hoffnung war Johann Martin Flad erfüllt. War sie eine Illusion?

Denn sowohl die italienischen Besatzer als auch die marxistischen Revolutionsgarden von 1974 waren darauf aus, die entstandenen evangelischen Gemeinden nicht nur zu unterdrücken, sondern sie sogar ganz auszumerzen. Darüber brachten die kleinen evangelischen Gemeinden große Blutopfer. Der ganz Afrika mit christlichen Sendungen erreichende lutherische Weltsender »Voice of the Gospel« wurde enteignet.

Die Falaschas wurden aus den Fängen der Diktatur durch den jungen Staat Israel gerettet. Spektakuläre Luftbrückenaktionen befreiten den Großteil der »schwarzen Juden« und brachten sie nach Israel. Zwar hatten schon früh Vertreter der in Äthiopien stets gering geachteten Falaschas Verbindung mit dem 1948 gegründeten Staat Israel aufgenommen und sich um Genehmigung der »Aliyah«, also der Einwanderung, bemüht. Im Unterschied zum Großrabbinat zweifelten aber ultra-orthodoxe Rabbiner an, dass die Falaschas in vollem Umfang als Juden anzusehen sind. (Auch viele Religionswissenschaftler betrachten die Falaschas als eine judenchristliche Strömung innerhalb der ohnehin stark alttestamentlich ausgerichteten äthiopischen Kirche.)

Alles änderte sich jedoch, als auch die Falaschas durch die Revolutionsdiktatur stark unterdrückt wurden. Auf Drängen des Großrabbinats wurden alle Falaschas, die auf eine Einbürgerung in Israel aus waren, durch zwei im Geheimen vorbereitete Luftbrückenaktionen (»Operation Moses« 1984/85 und »Operation Salomon« 1990) von Uganda aus nach Israel ausgeflogen. Fast alle Falaschas nahmen dies Angebot an. Sie wurden jedoch als eine in Israel auch nicht voll anerkannte Minderheit dort nicht glücklich. Immer wieder erhob sich in Israel die Forderung, die »äthiopischen Juden« in speziell für sie ausgewiesenen Gebieten anzusiedeln. Auch bremst Israel bis heute eine Zusammenführung von in Äthiopien verbliebenen Falaschas mit ihren schon in Israel lebenden Familien ab.

Erst ab 1990 lockerte sich nach und nach der Druck, der unter den marxistischen Revolutionsgarden so barbarisch gewesen war. Umso erstaunlicher ist es, dass es heute in Äthiopien große evangelische Kirchen gibt, so etwa die evangelikale Kale-Heywet-Kirche und die lutherische Mekane-Yesu-Kirche.

Die alte biblische Zusage ist wahr geworden, die Johann Martin Flad auf seinen Korntaler Grabstein setzen ließ: »Mohrenland wird seine Hände ausstrecken zu Gott.« Bis heute ist es jedoch bleibendes geistliches Anliegen, dass es auch in der traditionellen orthodoxen (koptischen) Kirche von Äthiopien zu einer Reformation kommen möge.

Johannes Hesse (1847–1916)

*Vater eines Dichters, Balte, Indienmissionar,
Calwer und auch Korntaler*

Korntal und Johannes Hesse

Vielfach sind die Beziehungen von Johannes Hesse zu Korntal. Korntal, das war die letzte irdische Heimat des weit gereisten Missionars: Im Juni 1905 zog er mit seiner treu für ihn sorgenden Tochter Marulla von Calw in den von der Brüdergemeinde geprägten Ort, in dem er so viele Freunde hatte. In Korntal, im Dr. Bührlen'schen Haus am Seewaldweg, lebte der hochgewachsene noble, ehrwürdige Patriarch dann elf Jahre lang. Er war in ständiger Sorge um seine Sehkraft, angefochten durch Nervosität, geplagt von bohrenden Kopfschmerzen, zuletzt auch angewiesen auf den Rollstuhl. Lange Zeit wurde er gut umsorgt und gepflegt von dem Diakon, Mesner und Kirchenpfleger Vogt.

Unermüdlich war der greise Johannes Hesse als Schriftsteller und Historiker tätig, bis er – schon drei Jahre zuvor total erblindet – am 8. März 1916 verstarb. Auf dem Neuen Korntaler Friedhof fand er sein Grab. In seinem Grab wurde dann 1953 auch seine Tochter Marulla bestattet. (Die mit Pfarrer Gundert verheiratete ältere Tochter Adele, die ihren Ruhestand ebenfalls in Korntal verbracht hatte, fand 1950 ihr Grab auch auf dem Neuen Friedhof.) Ein besonderes Vermächtnis von Johannes Hesse an Korntal ist das 1910 einfühlsam und kenntnisreich geschriebene Buch »Korntal einst und jetzt«.

Wer war dieser Johannes Hesse?

Landesbischof D. theol. Theophil Wurm nannte Johannes Hesse einen »Urchristen«. In seinem ganzen Leben sei er, der langjährige württembergische Kirchenpräsident und Ratsvorsitzende der EKiD, nur zwei wirklich ganz verehrungswürdigen Persönlichkeiten begegnet. Eine davon sei Johannes Hesse gewesen.

Solch ein Urteil ist wichtig. Denn nur zu oft wird gewähnt, Johannes Hesse sei als Vater ein strenger, pedantischer, engherziger Pietist gewesen. Er sei seinem genialen Sohn Hermann gar nie gerecht geworden. Zu solch einem Fehlschluss kommen meist solche Menschen, die nur einiges aus den Schriften von Hermann Hesse und eben nur weniges aus Lebensbeschreibungen über ihn kennen. Sie übersehen nämlich, in welch dankbarer Innigkeit der Sohn Hermann Hesse sich an seinen Vater erinnern konnte. Ein paar Beispiele dafür:

*Mir fielen die Zeiten ein, in denen ich meinen Vater krank gekannt hatte, krank und von endlosen Schmerzen gepeinigt, und plötzlich sah ich sein Bild deutlich und überscharf, mit seiner lieben, ergreifend schmerzvollen Gebärde, wie er tief atmend mit flachen Händen das lange Haar von den Schläfen zurückstrich, während sein Blick still und traurig wie aus einer fremden Ferne her auf mir ruhte. Und jetzt empfand ich, endlich, endlich wieder, sein Wesen rein und deutlich in mir und sagte zu mir: »Sie haben ihn nie verstanden, niemand, auch alle seine Freunde nicht. Nur ich verstehe ihn ganz, weil ich bin wie er, allein und von keinem verstanden.« ...
Ich sah mein Leben rückwärts nicht wie ein launig gewundenes Tal, sondern als eine einzige, harte schnurgerade Straße unerbittlicher Notwendigkeit, vom Vater her und zu ihm zurückführend. Wieder dachte ich an die Unverstandenheit, in der unser Vater so große Teile seines beschwerlichen Lebens hingebracht hatte, obwohl ihm die wunderbare Gabe geschenkt war, gerade das in seiner Natur, was leicht und licht und hell und vogelhaft war, zu zeigen und andern zum anmutigen Geschenk zu machen. Merkwürdig – im Leben dieses Mannes, der immer leidend und überzart und von Schmerzen verfolgt war, schimmerte eine eigentümliche Festlichkeit, ein edler Glanz von guter Form und Ritterlichkeit. ... Seine Dankbarkeit und Heiterkeit waren die des Leidenden, der in schweren Jahren gelernt hat, den Sonnenstrahlen und kleinen Tröstlichkeiten des Lebens mit Sorgfalt eine offene Tür zu lassen. Noch unser letztes Gespräch war voll Verständnis, voll Licht und Vertrauen gewesen. Obwohl er, der mich vermutlich viel besser kannte als ich ihn, Grund genug gehabt hätte, mir zu misstrauen oder mich doch zu tadeln und anders zu wünschen, und obwohl ich im Vergleich zu seiner zarten Frömmigkeit ein roher Weltmensch war, stand doch*

über uns wie ein warmer Himmel ein Gefühl von Gemeinsamkeit und Einander-nicht-verlieren-Können, und ohne Zweifel war die Toleranz und das Nachgebenmüssen bei ihm größer als bei mir. Denn er war, wenn auch nicht ein Heiliger, doch aus dem seltenen Stoffe, aus dem die Heiligen gemacht werden. Damals, als ich das letzte Mal bei ihm in dem friedevollen Stübchen saß – für mich ein Hort und Schlupfwinkel weltferner Ruhe, für ihn ein Kerker und quälender Käfig –, da hatte er, der seit einiger Zeit blind geworden war, mir von einem seiner kleinen Mittel erzählt, mit denen er sich je und je durch schlaflose Nächte hindurch half. Er besann sich dann auf gute lateinische Sätze und Sprichwörter, und zwar in alphabetischer Folge, was außer der Gedankenzucht noch die Tugend hatte, den Reichtum des im Gedächtnis Vorhandenen viel eindringlicher aufzuzeigen. Er forderte mich auf, das Spiel mit ihm zu machen und mit dem Buchstaben A zu beginnen.[4] Ich brauchte lange, bis ich zwei, drei Sprüche beisammen hatte. »Alea iacta est«, fiel mir zuerst ein und: »Ars longa, vita brevis«. Er aber, die Lider über den blinden Augen nachdenkend geschlossen, zog wie ein Kristallsucher behutsam einen schönen, runden Satz um den andern hervor, genau in alphabetischer Reihenfolge – ich erinnerte mich, dass sein letzter Spruch »Aut Caesar, aut nihil« war –, und jeden sprach er mit einem frohen Respekt vor der schönen, knappen und klingenden Sprache klar und behutsam aus, so wie ein Sammler seine Stücke in liebende und wohlerzogene Finger nimmt. Jetzt sah ich ihn auch wieder ganz, das ritterliche Gesicht unterm langen, zurückgekämmten Haar, die edle hohe Stirn und alle ihre schönen Flächen, die hohe Wölbung der über erblindeten Augen geschlossenen Lider.[5]

Angesichts solcher Aussagen ist es doch befremdlich, dass der Schriftsteller mit dem Pseudonym Thaddäus Troll behaupten konnte: Hermann Hesse sei »eine Frucht pietistischer Erziehung« gewesen, »bei der die Geborgenheit im Glauben zur Verkrampfung wird«. Und dann sprach Thaddäus Troll von »einer geradezu peinigenden Liebe, die ohne Verständnis für die anders geartete Persönlichkeit ist«, und von »einem vorbildlichen Christentum, das nur den Gleichgearteten in die Nächstenliebe mit einbezieht und das eigene Kind, das den eigenen Vorstellungen nicht entspricht, ... abschiebt und der Verzweiflung überlässt«.[6] Andere zitieren gar – allerdings mit einem Fragezeichen versehen – das Urteil, dass das Elternhaus des Dichters eine »geistig-seelische Folterkammer« gewesen sei.

Wie anders klingt doch das, was Hermann Hesse 1942 seiner Schwester Adele Gundert nach Korntal geschrieben hatte: »Unsere Eltern haben uns viel mitgegeben, auch Widersprüche und Schwierigkeiten; einfach und leicht ist das Erbe nicht, aber es ist reich und edel, es ruft auf und verpflichtet, und es hilft einem oft, die Augen offen behalten und klar sehen und urteilen, wenn die meisten mit Schlagworten zufrieden sind. Unsre Eltern haben ziemlich viel von uns verlangt, weit mehr aber von sich selber, und haben uns etwas vorgelebt, was selten geworden und unvergesslich ist. Man sucht uns heute einzureden, ihr Glaube, ihre Weltanschauung, ihre Urteile seien rückständig und überholt; aber ich muss sagen, wenn ich auch selber in der Jugend manchmal so über sie dachte, so hat sich das mit den Jahren doch sehr geordnet und ein anderes Gesicht bekommen.«[7]

Schon gleich nach dem Tod des Vaters hatte Hermann Hesse geschrieben: »Unser Vater und unsere Mutter hatten einer Zucht und einem Glauben gedient, dem sich keines von uns Kindern zu entziehen dachte, der auch mich nach dem Zerschneiden aller Wort- und Gemeindefesseln immer noch innig mit umfasst hatte. Dieser Glaube an eine Berufung, an eine Bestimmung ist nicht in Worten auszudrücken und niemals durch Taten in seinem Trieb zu stillen, war uns Geschwistern allen gemeinsam wie das Blut. Wir wussten uns doch für immer einem Orden, einer heimlichen Ritterschaft angehörig, aus der es keinen Austritt gibt. Denn man kann so einen Glauben wohl mit Füßen treten, nicht aber auslöschen.«[8]

Über der Todesanzeige von Johannes Hesse stand das Psalmwort: »Der Strick ist zerrissen, der Vogel ist frei« (vgl. Psalm 124,7)! Sollte damit wirklich dies ausgedrückt werden, was der Sohn Hermann Hesse 1930 andeutete, dass der Vater sich bedrängt gefühlt hatte von »den verschiedenen Formen von protestantischem Christentum, denen sich anzupassen und zwischen denen sich parteilos zu erhalten ein schwerer Teil von meines Vaters Lebensaufgabe war«?[9] Hermann Hesse sprach von seines Vaters »verwegensten einzelgängerischen Gedankenkämpfen«, »namentlich seit seiner zum Erlebnis gewordenen Bekanntschaft mit Laotse«. Darum sei noch einmal – und jetzt erst recht – gefragt: Wer war denn dieser Johannes Hesse?

Sein Herz schlug für die Mission

Am 14. Juni (nach russischem Kalender am 2. Juni) 1847, gleich nach der Geburt des ersten Sohnes Johannes, schrieb der Vater Dr. Carl Hermann Hesse in sein Tagebuch: »Dir, Herr, gebe ich mein Kind. Du hast es gegeben, du musst es vollbereiten und durchbringen, zu deiner Ruhe, wenn du willst, oder in deinen Dienst!« Offenbar war also nicht klar, ob der kleine Knabe überhaupt lebensfähig sein würde. Dem Vater, einem hoch geschätzten Kreisarzt und Staatsrat in Weißenstein in Estland, war dieser Ernst bewusst. Aber Johannes sollte am Leben bleiben, anders als seine schon vier Jahre später verstorbene Mutter und auch anders als die der Familie nur zwei Jahre erhalten gebliebene zweite Mutter. So war für den kleinen Johannes der »Dienst« im Reich Gottes vorgezeichnet.

Von solchem »Dienst« war schon das Elternhaus und der Einsatz des Vaters Dr. Carl Hermann Hesse geprägt. Er war ein überaus vitaler Landarzt, einst Mitbegründer der sowohl trinkfreudigen als auch frommen Dorpater Studentenverbindung »Livonia«. Als »jung geblieben, feurig, lustig, fromm und burschikos« lernte ihn der Enkel Hermann Hesse kennen.

Das von Leben und von Frömmigkeit geprägte Arzthaus – mit seinem weiten, vom Schwalbenschwirren erfüllten Blumengarten – hat Johannes' Nichte Monika Hunnius, die Sängerin und Schriftstellerin, liebevoll und so überaus anschaulich geschildert. Vor allem jedoch hat sie den äußerst vielseitigen vitalen Landarzt Dr. Hesse geschildert als geprägt von der »herrlichen Freiheit der Kinder

Gottes«. Die vom russischen Staat ausgehenden offiziellen, an ihn, den Staatsrat gerichteten Schriftlichkeiten »beerdigte« er souverän unter einem Wust von nie erledigten Schriftstücken. Der Blick ging vom Schreibtisch über sie hinweg auf die an der Wand befestigten Bilder der Basler Missionare, für die Dr. Hesse Fürbitte tat und die er mit vielen Opfern unterstützte. In seinem weiten Haus sammelte er jeweils montags eine fast hundertköpfige Schar von Menschen zu Bibel, Gebet und Schriftauslegung, die mehr Glaubenskost haben wollten, als die damaligen Weißensteiner Pfarrer zu geben fähig waren. In seinen jungen Jahren hatte der Mediziner eine – wie er selbst schrieb – »persönliche Begegnung mit Jesus Christus« gehabt; die von Johannes Goßner verfasste Bibelerklärung spielte dabei eine wichtige Rolle. »Gott trat mir nahe und redete durch sein Wort mit mir«, so bekannte Carl Hermann Hesse dankbar. Das war es, was er weitergeben wollte. Von da an wollte er diesem Jesus als seinem Herrn dienen – als Arzt, als Missionsfreund, als gastfreundlicher Herbergsvater und als Gründer und Betreiber eines »Rettungshauses«, also eines Heimes für nahezu hundert »Straßenkinder«. Damit hatte er das nördlichste Glied der umfassenden Kette der von Beuggen/Rhein ausgehenden und dann in Korntal und Stuttgart aufgenommenen Rettungshaus-Bewegung geschaffen. Der »Doktor, der alles wegschenkt«, so nannte man ihn damals in den baltischen Regionen. Für den Vater von Johannes Hesse jedoch war dies das Lebensmotto: »Lobe den Herrn, meine Seele, und vergiss nicht, was er dir Gutes getan hat!« Er konnte sagen: »Mein Heiland liebt frohe Kinder. Warum soll ich denn nicht lachen und jubeln, da ich so reich bin, weiß ich doch, dass ich meinen Heiland habe!«

Der Sohn Johannes Hesse war jedoch aus »anderem Holz geschnitzt«. Er war schmalgliedrig, von zarter Gesundheit, schon in jungen Jahren grüblerisch und »ein schwer zu behandelnder Mensch«. Das ist verständlich. Da war der sehr vitale und lebensbejahende Vater, fast ein Übervater! Seine leibliche Mutter hatte Johannes verloren, als er vier Jahre alt war. Für die älteren Schwestern und ihn war für zwei kurze Jahre die liebe Stiefmutter Lina ins Leben getreten, die aber dann bei der Geburt des Stiefbruders Hermann verstorben war. »Wie ein Frühlingstraum« (Hunnius) war sie durch das Leben der Familie gegangen. Dr. Hesse heiratete noch einmal, nämlich die in St. Petersburg erzogene Adele von Berg, eine vielseitige und hochbegabte, besonders malerisch befähigte ehemalige Gespielin der württembergischen Königin Olga, der Tochter des Zaren Nikolaus I. Sie wandte dem angenommenen Sohn Johannes viel Liebe und Verständnis zu. Trotzdem musste auch sie zusammen mit ihrem Mann erkennen: Wir schaffen es nicht, den Jungen aus seiner Verschlossenheit, aus seinen Wutausbrüchen und aus seinen Angstzuständen herauszulocken! Vielleicht ist es besser, wenn er zusammen mit Gleichaltrigen aufwachsen kann!

So wurde Johannes Hesse als Elfjähriger in die befreundete Familie des Barons von Stackelberg nach Reval gegeben, die selbst zwei heranwachsende Söhne hatte. Johannes besuchte in der traditionsreichen, am Meer gelegenen Provinzhauptstadt die Eliteanstalt der Ritter-und Dom-Schule. Die Heimat sah er nur während der monatelangen Ferien. Schon der 16-Jährige war entschlossen, Theologie zu studieren. Er hoffte, auf diese Weise am besten »hinter alle Wahrheiten für Kopf und Herz« zu kommen. Sein eigentliches Ziel jedoch war die Mission. Sie war ihm schon früh ans Herz gewachsen durch all das, was er im Elternhaus in Weißenstein erfahren und bei Besuchen von Missionaren erlebt hatte. So ließ er am 12. März 1865 als 18-Jähriger die Missionsanstalt Basel wissen:

»Die Theologie wurde mir Mittel zum Zweck … denn ich bekam eine Sehnsucht danach, dem Herrn, dessen Dienst- und Lehensmann ich bin, nun auch mit dem Heerbann zu folgen. Allerdings graute mir vor dem Gedanken, auf der Universität mein eigener Führer sein zu müssen. Mein Sehnen geht nach einer korporativen Gemeinschaft, nach einem großen, heiligen Zweck, in dem mein bisheriger Selbstzweck untergehen könnte. Aber wohin? Als diese Frage am schreiendsten in mir geworden war, da gewann die Idee, welche von Kindheit an eine Hauptrolle in der Welt meiner Vorstellungen und Ideale gespielt hatte, die Herrschaft über meinen Willen. Es rief laut in mir: Du gehst nach Basel in die Missionsanstalt! Ich gehöre Ihnen an durch mehr als nur ein Band. Ich bringe Ihnen zurück, was ich von Ihnen empfangen habe. Verschmähen Sie mich nicht, das ist meine Bitte. Nehmen Sie mich, erziehen Sie mich und brauchen Sie mich, wozu ich Ihnen tauglich scheine!«

Aus einem Brief an den Vater, der wenige Wochen nach diesem Schreiben abgesandt wurde, wird deutlich: Johannes Hesse hatte Angst vor sich selbst und vor seinen Einseitigkeiten. Er wollte sich einem starken Willen unter- und in eine starke Gemeinschaft einordnen. »Ich bedarf eines tätigen und keines beschaulichen Lebens, eines mühevollen, nicht aber bequemen Lebens, um geistig gesund und frisch zu bleiben. So geht mein Entschluss mehr aus einem persönlichen Bedürfnis hervor als aus einer glühenden Liebe zu einer großen Sache!«

So hin und her gerissen zwischen Selbstzweifeln und Selbstliebe, zwischen Demut und Überschwang, trat im Sommer 1865 der Abiturient Johannes Hesse in das Basler Missionshaus ein. Unterbringung und Kost waren spartanisch, die Ausbildung hart und herausfordernd. Der begabte Missionskandidat wurde in seinem vierten Ausbildungsjahr zum Privatsekretär des aus Leonberg stammenden, mit Korntal eng verbundenen Missionsinspektors Joseph Josenhans berufen. Dessen Lebensbild hat später Hesse souverän, mit unüberbietbarer Detailkenntnis und mit Herz geschrieben. Voll Begeisterung über die Mission und über seinen darin tätigen Sohn besuchte der baltische Vater Dr. Hesse im Jahr 1868 Basel und das Missionsfest. 1869 wurde Johannes Hesse in Heilbronn ordiniert und zum Missionseinsatz nach Indien entsandt. Nach kurzer Einführungszeit in die Probleme und Herausforderungen des großen Missionsfeldes Indien wurde Johannes Hesse als theologischer Assistent an das Predigerseminar Mangalore berufen (den Aufbau dieses Zentral-Katechisten-Seminars hatte einst der Korntaler Samuel Kullen verantwortet); denn Johannes Hesse hatte sich überaus rasch in die Landessprache Kanaresisch eingearbeitet.

Doch das indische Monsunklima setzte seiner schwachen Konstitution sehr zu. Er erkrankte an Ruhr. 1873 wurde er rasch nach Europa zurückbeordert, weil er körperlich stark angeschlagen und durch Dysenterie geschwächt war. Er war von starkem Kopfweh heimgesucht, das ihn lebenslang nie mehr verließ. So kehrte er in die baltische Heimat zurück.

Neue Aufgaben – kein »Abstellgleis«!

Die Missionsverantwortlichen in Basel vergaßen Johannes Hesse nicht. Sie wollten nicht für immer auf den Dienst des so begabten 26-jährigen Mannes verzichten. Sie wiesen ihn darum als Mitarbeiter dem in Calw wirkenden genialen Indienmissionar Dr. Hermann Gundert zu. Dieser baute in Calw den von Pfarrer Dr. Christian Gottlob Barth begonnenen missionarischen »Multikonzern« des »Calwer Verlagsvereines« ungestüm aus. Im Dezember 1873 trat Johannes Hesse in dies Werk ein. Dort bestand seine erste Aufgabe im Redigieren des periodisch erscheinenden, auf hohem Niveau stehenden »Basler Missionsmagazins«. Elf Jahre lang hat Johannes Hesse sachkundig diese Aufgabe wahrgenommen. Über diesem Wirken entdeckte und übte er seine besondere schriftstellerische Begabung. Er bewährte sie dann beim Herausgeben von sachkundigen Sammelbänden zum Thema »Weltmission«. Die von ihm herausgegebenen Kompendien anschaulicher Missionsberichte aus aller Welt wurden im weiten deutschen Sprachraum zu einer Anschauungshilfe für Predigten, Missions- und Kinderstunden. Sie machen – neben der editorischen Begabung von Johannes Hesse – auch deutlich, welch umfassenden Überblick er hatte über die Gesamtheit protestantischer Mission, sowohl kirchlicher als auch freikirchlicher Prägung. Bis heute geben einen eindrücklichen Einblick in den Aufbruch protestantischer Weltmission die beiden von Johannes Hesse geschaffenen Lebensbilder von Dr. Hermann Gundert und des Basler Missionsinspektors Joseph Josenhans.

Nun war Calw im engen und tiefen Tal der Nagold das Wirkungsfeld des aus den Weiten Estlands stammenden Indienmissionars. »… nicht scheuen steilen Berg«, so lautet eine Zeile im Gesangbuchlied von Johann Valentin Andreae (1585–1654), der in seinem »dunklen Ort« Calw sogar die steil ansteigenden Gassen liebte. Aber daraus sollte man keine falschen Schlüsse ziehen. Vom benachbarten Hirsau und von seiner ehemals weitläufig angelegten romanischen Klosteranlage waren im Mittelalter tief gehende geistige und unermessliche religiöse Impulse ausgegangen. Bis heute erinnern in Calw die aus dem 14. Jahrhundert stammende Nikolauskapelle auf der Nagoldbrücke und viele alte Patrizierhäuser an die weit in die Welt hinauswirkende Calwer Handels-»Companie«.

Der Geist der Calwer war und ist bis heute nicht eng begrenzt. In Calw konkretisierte der eben genannte Dekan Andreae seine Pläne für die Idealstadt »Christianopolis«. In Calw organisierte er nach den Verheerungen des Dreißigjährigen Krieges so vorbildlich den Wiederaufbau, dass er ins Amt des Hofpredigers nach Stuttgart berufen wurde. Von dieser Position aus sollte Andreae auch den geistigen und religiössittlichen Wiederaufbau des ganzen Landes leiten. In Calw hatte 1838 der ehemalige Möttlinger Pfarrer, Dichter, Ethnograf, Diakoniepionier und Schriftsteller Dr. Christian Gottlob Barth (1799–1862) den von ihm ins Leben gerufenen »Verlagsverein« beheimatet. Dieser war mit seinen für Schule, Öffentlichkeit und das christliche Haus bestimmten Zeitschriften und Büchern etwas bis heute nicht Vergleichbares. Vielen Christen wurde dadurch zu einer Horizontweitung verholfen, wie sie damals der Normalbürger nicht kannte.

Alt und etwas müde geworden hatte sich Dr. Barth den aus Indien heimgekehrten Dr. Hermann Gundert (1814–1890) von der Basler Mission eigentlich nur für eine Überbrückungszeit um 1860 »ausgeliehen«. Gundert war jedoch ein solches missionarisches Multigenie, dass er 1862 nach dem Tod von Dr. Barth auf Lebenszeit zum Vorstand des Calwer Verlagsvereins berufen wurde. Zwar hatte dieser Hermann Gundert beim ersten Anblick des engen Calwer Tales ausgerufen: »Das ist ja eine Mausefalle; aus der komme ich nie wieder heraus!« Aber auch er hat dann dafür gesorgt, dass Calw keine Mausefalle sein musste, sondern zu einer Brunnenstube lebendigen Glaubens wurde. Man darf auch den schwäbischen Pietismus, gerade den im Nordschwarzwald und erst recht im Nagoldtal, nicht unterschätzen: Die Enge, die man mit ihm assoziiert, hat nichts mit einer Enge des Horizontes zu tun. Vielmehr ist er geprägt durch kompromisslosen Glauben und durch die Ernsthaftigkeit, mit der das Leben aus dem Glauben heraus gestaltet wird.

Für Johannes Hesse jedenfalls war der Ruf in die Calwer Aufgabe alles andere als ein »Abstellgleis«. In klarer Selbsterkenntnis hatte er doch einst 1865 in seinem Aufnahmegesuch nach Basel geschrieben: »Um geistig gesund und frisch zu bleiben, bedarf ich eines tätigen und keines beschaulichen Lebens, eines mühsamen und keines bequemen Lebens.« Als »dienendes Glied« wollte er sich »zur Erreichung eines großen Zieles unterordnen«. Genau das war nun in Calw möglich. Er arbeitete Dr. Gundert zu, dem auf Hochtouren laufenden »Motor« des Werkes, der 17 Sprachen fließend sprach. Gundert war voll von Erfahrungen, Plänen, Ideen. In Indien hatte er einst die Welsch-Schweizerische Missionsgehilfin Julie Dubois geheiratet, mit der er sich lebenslang auf Englisch verständigte. Welch geistige Weite!

Im Gundertschen Haus lebte auch Marie, die Tochter des »Chefs«. In ihren Mädchenjahren war sie unter anderem vom Korntaler Töchterinstitut geprägt, aber dort auch durch manche religiöse Enge abgestoßen worden. In jungen Jahren war sie Witwe geworden; das Grab ihres Ehemanns, des Missionars Charles Isenberg (1840–1870), war in Korntal. Schon in Indien war sie hilfreiche Mitarbeiterin ihres stets überbeschäftigten Vaters gewesen. Nun half sie auch in Calw ihrem Vater, so viel wie ihr neben der Betreuung ihrer zwei Söhne Theodor und Karl Isenberg möglich war. Von 1871 bis 1872 unterrichtete sie als Frau – sogar mit erstaunlicherweise gewährter voller Zustimmung der Behörden – wöchentlich drei Stunden Englisch an der Oberklasse der Realschule Calw. Welch eine »energische Persönlichkeit«! In Calw hieß es: »Frau Marie Isenberg kann alles: Sie kann singen, dichten, Bücher schreiben, in fremden Sprachen sprechen, den Mädchen-Missionsverein leiten. Sie hilft allen, die Hilfe brauchen. Aber eine Hausfrau ist sie nicht. Wahrscheinlich kann sie noch nicht einmal Milch kochen, ohne dass sie überläuft. Drum ist's gut, dass sie im Haus Gundert meist eine tüchtige Magd haben!«

Marie Isenberg, geb. Gundert, schrieb Ende 1873 in ihr Tagebuch, ein »feiner, frommer, intellektueller Mann« sei in das Verlagshaus gekommen; er sei »wie für eine bessere Welt geschaffen«. Dieser 26-jährige Balte Johannes Hesse, der fremdländisch aussah und wirkte, der aber trotz seines russischen Passes nach Sprache und Kultur durch und durch deutsch war, kümmerte sich rührend um die beiden Buben Isenberg. Auch Marie Isenberg hatte den neuen Mitarbeiter in ihr Herz geschlossen. Die beiden heirateten am 22. November 1874. Sie fanden ihre Wohnung in einem lichten, zum Calwer Marktplatz hingewendeten »Traumhaus«, abseits von dem etwas düsteren und weitläufigen Verlagssitz im »Bischof«. Marie Hesse nannte ihren fünf Jahre jüngeren Ehemann ihren »Herzens-Jonny«. Sie war stolz auf den von Angesicht und Gesinnung gleich vornehmen, dazu ihr an Bildung sogar überlegenen, geistreichen, sensiblen und kinderlieben Lebenspartner. Die beiden machten Abendspaziergänge, wenn sie Zeit dafür fanden. Dabei lehnte sich die kleine, schmiegsame, schlanke Frau an die aufrecht-hohe, magere Gestalt des Ehemanns an.

Marie Hesse bekam, bis sie 40 wurde, fast jedes Jahr ein Kind. 1875 wurde Adele geboren. Am 2. Juli 1877 kam abends Hermann zur Welt. Es folgten Paul (1878, schon nach fünf Monaten verstorben), dann die auch jung verstorbene Gertrud (1879) und 1880 die Marulla genannte, aber auf den Namen Marie getaufte jüngste Tochter, bevor 1882 Johannes, genannt Hanno, die Reihe der Hessekinder beschloss. 1893, nach dem Tod ihres Vaters Hermann Gundert, wurde Marie Hesse von einem schmerzhaften Leiden befallen. Es hat sie nie mehr verlassen. Es hatte zuerst die Nieren, dann aber auch die Knochen befallen. An diesem Leiden verstarb sie 1902, damals noch nicht ganz 60-jährig. Sechs Jahre zuvor hatte sie noch das »Gnadenwunder« erlebt, dass sie nach einer segnenden Handauflegung des Evangelisten Elias Schrenk wesentliche Besserung erfahren hatte. Danach konnte Marie Hesse wieder Beine und Arme gebrauchen und sogar noch fünf Jahre – mindestens leidlich – ihren Haushalt mit den vielen Gästen versorgen.

Die Eltern Hesse ergänzten sich auch schriftstellerisch. Marie Gundert beschrieb (zuerst unter dem Pseudonym Marie Guntisberg) ihre Erlebnisse als Missionarsfrau in Indien[10] und verfasste dann vor allem die viel gelesenen Biografien ihrer Mutter Julie Gundert, des ugandischen Märtyrers Jakob Hannington und des Missionars David Livingstone. Trotzdem kam Marie Hesse während ihrer 28-jährigen Ehe immer wieder an die Grenzen ihrer Kraft. Auch ihr Mann Johannes Hesse war häufig krank. Ihn überfielen »Nervenstürme«, er hatte oft unter Depressionen zu leiden. Das alles trug dazu bei, dass das Hauswesen – wie Johannes Hesse selbst schrieb – »nicht recht diszipliniert und regelmäßig« war. Trotzdem brach bei Johannes Hesse immer wieder seine so überaus liebenswerte Art durch. Er war dann unterhaltsam, er ging auf die Menschen zu, er freute sich an allen Begegnungen. Neben den Verlagsaufgaben und den Studien für die eigenen Bücher hielt er quer durch Württemberg und Baden Missionsstunden, er predigte in Gottesdiensten und besuchte Missionskonferenzen in Barmen, Bremen und in Heilbronn, aber auch im Ausland.

Aufatmen in Basel

1881 wurde Johannes Hesse nach Basel gerufen. Er wurde dort Herausgeber des großartig gemachten »Basler Missionsmagazins«; daneben unterrichtete er – bezeichnenderweise – deutsche Sprache und Literatur am Missionsseminar Basel.

Das reich bewegte kulturelle und kirchliche Leben Basels, die Begegnung mit so vielen bedeutenden und frommen Frauen und Männern, das Anteilnehmen am Ergehen der Mission bereicherten die Familie Hesse. Doch schon vor dem Umzug nach Basel gab der kleine Hermann Anlass zu Sorgen. Auf der einen Seite wurde schon früh bei ihm eine ganz seltene Hochbegabung erkennbar. Auf der anderen Seite waren »sein Eigensinn und Trotz oft geradezu großartig«; »seine Erziehung machte uns so viel Not und Mühe« (so schrieb es die Mutter in ihr Tagebuch). Es ist darum nicht ganz fair, wenn Johannes Hesse und seine väterliche Sorge um den Sohn Hermann fast ausschließlich negativ charakterisiert werden. Nicht alles schildert den eigenen Vater, was Hermann Hesse in seinen Erzählungen an unsympathischen Vater-Gestalten beschreibt. In Wirklichkeit war es geradezu normal, dass »ein prächtiger Vater und ein früh selbstbewusster Sohn« spannungsreich miteinander lebten (so hat es Hugo Ball, einer der Biografen von Hermann Hesse gedeutet).

Aber auch in Spannungen wurde deutlich: Es war nicht ein pietistisch verklemmter Vater, der seinen Sohn mit »drakonischer Strenge« (Ball) in ein enges Korsett zwingen wollte. Sondern der Vater war der »ritterliche« Balte, der großmütig viel Unvollkommenes dulden konnte, bloß nicht Unwahrhaftigkeit. Der ritterlich gewissensstrenge Vater war aber auch bereit, den Sohn um Verzeihung zu bitten, sofern er ihn ungerecht behandelt haben sollte. Noch in schwersten Konflikten zwischen Vater und Sohn bewundert der gegen alles »Du sollst« aufbegehrende Hermann »den in seiner Würde unangreifbaren vornehmen Vater mit dem Christuskopf«.

Über Vater Hesse urteilte ein Calwer, der aus nächster Nähe die Sorge des Vaters um seinen Sohn Hermann miterlebt hat: »Er konnte eben nicht schimpfen wie ein Schwabe« und so seinem bedrängten Herzen Luft machen. Was für eine eindrückliche Szene: Der Sohn Hermann lässt sich auf dem gefährlich schmalen Floß die reißende Nagold hinunterfahren. Der besorgte Vater rennt am Ufer entlang – bis bald nach Hirsau – und bittet immer wieder flehentlich die Flößer, seinen Sohn doch am Ufer abzusetzen. Als er endlich den Sohn wieder an der Hand hat und mit ihm in Richtung Calw zurückgeht, da kommt kein Tadel, kein Vorwurf, kein zorniges Wort über die Lippen des Vaters. Aber es ist ihm abzuspüren, wie es in ihm gärt.

Wie oft musste der Vater Johannes Hesse die Sorge um den Sohn in sich hineinfressen und so sehr leidend schweigen, dass die ganze Familie darunter litt. Es war also nicht – wie so oft unterstellt wird – eine ungerecht strenge Erziehung, welche den Sohn seinen Eltern entfremdete. Es war der ganze Geist des Elternhauses, dem sich Hermann nach und nach entzog. »Bei aller Liebe und Verehrung für sie«, so bekannte er später, »empfand ich die Art von pietistischer Frömmigkeit, in der meine Eltern lebten, als etwas Ungenügendes, irgendwie Subalternes, auch Geschmackloses.« Besonderen Anstoß nahm der Empfindsame an einer nicht selten im Pietismus üblichen schwülstigen, ja bigott wirkenden Sprache. Biografen von Hermann Hesse wie etwa Hugo Ball und auch neuerdings Hans-Jürgen Schmelzer machen für diese Art von Pietismus auch Korntaler Einflüsse verantwortlich, selbst wenn sie dies nur vermuten.

Wieder zurück nach Calw

1886 musste die Familie die Zelte im Basler Müllerweg, in der lieblich-ländlichen Umgebung vor den Toren der Stadt, abbrechen. In Calw war 1885 die Mutter Gundert, geb. Dubois, gestorben. Nun musste Marie Hesse für den alten Vater Dr. Gundert sorgen. Vor allem musste Johannes Hesse seinem Schwiegervater einen Großteil der Arbeit abnehmen. Darum zog Familie Hesse in sonnenlose kalte und feuchte Wohnräume im großen Verlagshaus »im Bischof« (beim heutigen Calwer Bus-Bahnhof). Mehr und mehr übernahm Johannes Hesse die Riesenarbeit: die Redaktion von drei monatlich erscheinenden Missionsblättern, die Leitung des Calwer Verlagsvereins und auch die Repräsentation des Calwer Werkes und der Basler Mission bei so manchen Missionsfesten quer durch das Heimatland. Die Tochter Adele Hesse schilderte den Vater als »geborenen Redner: immer lebendig, packend, Herz andringend und gedankentief«. Jedoch im Sommer 1889, nach der vorausgegangenen Missionskonferenz in London mit der für Johannes Hesse beglückenden Begegnung mit dem englischen Evangelisten und Wohltäter Lord Radstock, erkrankte der viel Beschäftigte so ernsthaft an einer Nervenschwäche, dass er nach Bern in eine Spezialklinik eingewiesen werden musste. Der alte Großvater Gundert zog nüchtern Verbindungslinien vom »nervlich labilen« Vater zu dem immer schwieriger werdenden Hermann: »Er ist eben das Ebenbild seines Vaters. Was spielen da die Nerven für eine Rolle!« Trotzdem gab es, nachdem Dr. Gundert 1893 gestorben war, für das Amt des Vorsitzenden im Calwer Verlagsvereines keine Alternative zu Johannes Hesse. Doch zehrte die neu zu übernehmende immense Verantwortung an den Kräften des hochgewachsenen und doch so zart gebauten Johannes Hesse.

Ein besonderer Schlag war es aber dann für ihn, als 1896 der baltische Vater im Alter von 94 Jahren starb; die Fürbitte und die glaubensstarken ermutigenden Briefe des Vaters hatten den so viel belasteten Sohn bis dahin getragen. Danach nahmen bei Johannes Hesse Schwäche und Nervenangst zu; denn auch die Ehefrau Marie hatte mit viel Schmerzen zu kämpfen. Bei ihr waren das alte Nierenleiden und die Knochenerweichung wieder aufgeflammt. Ihre letzte schwere Leidenszeit – von Weihnachten 1901 bis April 1902 – war jedoch zugleich eine Segenszeit für das Haus. »Aber dann drückte auf Vaters Gemüt neben dem äußeren Alleinstehen immer mehr die innere Einsamkeit, das Fremdsein auf dieser Erde. Immer schwerer wurde auch das Kopf- und Nervenleiden, das ihn oft ganz unfähig zur Arbeit machte. Dazu kam die Sorge, durch Netzhautablösung völlig zu erblinden«, so berichtete die Tochter Adele Gundert, geb. Hesse.

Lebensabend

1903 schrieb die Tochter Marulla Hesse aus Calw an ihre Kursgenossinnen: »Wer uns hier spazieren gehen sieht, der meint: ›Was hat die für ein faules Leben!‹ Aber Vaters Nervenleiden zehrt an uns allen. Er ist ängstlich, kann uns kaum missen und will alles mitbekommen und hören. Doch bei allem muss man fragen: ›Was könnte Papa aufregen?‹ Man wird dabei selbst nervös, fühlt das und ärgert sich darüber, ohne aber dagegen genug anzukämpfen. Es ist für uns bitter nötig, in eine andere Umgebung zu kommen! Aber ich will nicht klagen. Eigentlich könnten wir es gar nicht besser haben. Es ist rührend, wie Papa uns die Mutter ersetzen möchte!«

Die »andere Umgebung« ergab sich rascher als gedacht. Marulla Hesse schrieb im Juni 1905, in den Tagen des Umzugs von Calw nach Korntal: »Mein Vater wurde durch seine Schwäche und Nervosität immer weniger arbeitsfähig. Er suchte einen geeigneten Nachfolger. Dieser, ein Missionar aus Indien, war schon unterwegs. Der Verlagsverein war froh, einen neuen Vorstand zu bekommen. Leider mussten wir deshalb unser schönes Haus räumen und uns eine neue Bleibe suchen. Für meinen Vater kam nur Korntal in Frage. Er begründete das mit seinen vielen Bekannten dort, auch mit der geringen Entfernung zwischen Stuttgart und Calw. Noch vor vier Monaten hatte ich geglaubt, dass unser Leben gleichmäßig weitergehen würde. Dann hat meine Schwester durch ihre Verlobung mit einem Vetter, dem Pfarrverweser Gundert, den Gleichlauf etwas erschüttert.«

Johannes Hesse hat sich also für seine letzten elf Lebensjahre nach Korntal ziehen lassen. In diesen Jahren brachte die zur Lehrerin ausgebildete Tochter Marulla das Opfer, stets und ganz für den Vater bereit zu sein. Sie schrieb: »Ich muss mir schon Zahnschmerzen anschaffen, um einmal nach Stuttgart zu kommen; Vater will niemals allein sein. Alles für ihn geht durch meinen Mund, meine Augen und vor allem meine Feder. Dieses Verbundensein gibt das Gefühl, unentbehrlich zu sein!« Die Tochter Marulla wusste auch, wie sehr sich ihr Vater nach Befreiung aus dem leidenden Körper sehnte. Oft musste sie ihm versprechen, bei seinem Heimgang nicht zu trauern, sondern sich mit zu freuen.

Trotz zunehmender Verschlechterung seiner Sehfähigkeit war der Geist von Johannes Hesse rastlos tätig. Frei vom Druck der Calwer Amtspflichten konnte er sich dem widmen, was er schon lange hatte studieren, bedenken und zu Papier bringen wollen. Das Buch »Korntal – einst und jetzt« ist ebenso Frucht jener Jahre wie die Büchlein »Guter Rat für Leidende«, »Sind wir noch Christen?«, »Laotse, ein vorchristlicher Wahrheitszeuge« und »Henry Martyn, ein Mann Gottes«. Gerade auch das letztgenannte Buch macht deutlich: Johannes Hesse verfügte über immense Kenntnisse und hatte auch eine große Skala von Darstellungsmitteln.

Vielen damaligen Korntalern hatte sich das Bild von Johannes Hesse eingeprägt: die hohe Gestalt mit den blinden Augen, mit dem weißen Haar, der feine, zarte Ausdruck des Gesichtes, der innige Händedruck.

Ganz leicht, geradezu unverhofft, kam dann am 8. März 1916 die Stunde, in der er ganz allein dem Irdischen entschlüpfte. Über der Trauernachricht stand das Psalmwort, das auch auf dem schlichten Grabstein auf dem »Neuen Friedhof« zu lesen ist: »Der Strick ist zerrissen, der Vogel ist frei!«

Rosina Widmann, geb. Binder
(1826–1908)

Eine typische »Korntaler Missionars-Braut«

Die ersten Missionare in Ghana.
Vorne links sind Rosina und Johann Widmann zu sehen.

Missionars-Bräute

Die katholische Christenheit hat zu allen Zeiten in eroberte oder in neu entdeckte Regionen der Welt Missionare entsandt. Meist waren es opferbereite Mönche und Ordensgeistliche. Verglichen mit diesem römisch-katholischen Missionseinsatz ist die protestantische Weltmission beschämend jung. Eigentlich war es erst der Pietismus, der die Herausforderung erkannte: Der Auftrag von Jesus, alle Völker zu Jüngern zu machen, ist unvollendet! Deshalb nahm er selbst mit neu gegründeten kirchenunabhängigen »Gesellschaften« und »Vereinen« diese Aufgabe wahr. Damit handelte er stellvertretend für die Staatskirchen. Denn dass der Missionsbefehl von Jesus unvollendet war, das bekümmerte die Staatskirchen nicht. Das war in England ebenso wie in Deutschland und auch in den skandinavischen Ländern.

Die protestantischen Missionsgesellschaften hatten also keine Erfahrungen. Unter all den zu klärenden Fragen tauchte bald ein ganz spezielles Problem auf: Durften die in unbekannte Regionen entsandten Missionare verheiratet sein? Sollten sie vielleicht gar eine Frau als Gehilfin haben? Für die katholischen Mönche und Missionspatres hatte sich diese Frage nie gestellt. Deshalb mussten die evangelischen Gesellschaften nach eigenen Lösungen suchen und mit ihnen Erfahrungen machen.

Die 1815 gegründete Evangelische Missionsgesellschaft zu Basel hatte zuerst die Marschroute verfolgt: »Missionare sollen unverheiratet auf das Missionsfeld gehen.« Schließlich war nur selten klar, unter welch schwierigen Bedingungen sie ihr Leben würden fristen müssen. Missionare sollten sogar »ungebunden«, also unverlobt, ja ohne jedes heimliche Verlöbnis entsandt werden. Denn erst im Einsatz würden sie ermessen können, wie eine Ehegefährtin beschaffen sein müsste, um den Belastungen gewachsen zu sein.

Wenn die Missionare dann fünf Jahre lang gesundheitlich und seelisch die Herausforderungen bestanden und sich im Dienst bewährt hatten, dann durften sie die heimatliche Comité um Entsendung einer Braut bitten.

Dem 1839 als Missionsinspektor nach Basel berufenen Dr. Wilhelm Hoffmann (1806–1873) kam diese Regelung zu starr vor, auch als »nicht recht menschlich«. Als ältester Sohn des Korntal-Gründers Gottlieb Wilhelm Hoffmann (1771–1846) hatte er dessen Sinn »fürs Praktische« geerbt. So setzte er in Basel durch, dass die Verlöbnis-Wartezeit auch verkürzt werden kann, wenn das für den heiratswilligen Mitarbeiter »tunlich« erscheint. Vor allem sollte bedacht werden: Ist es für die betreffende Missionsstation hilfreich, wenn bald auch eine Mitarbeiterin tätig wird?

Diese Grundsatzentscheidung führte zu einem weiteren Problem. Wie wollte man denn die dringlichen Bitten um Entsendung einer Braut erfüllen? Schon rein zahlenmäßig wuchsen sie immer mehr an. Es war wirklich eine »gnädige Fügung Gottes«, dass der 1843 als Ortsgeistlicher nach Korntal berufene Pfarrer Heinrich Staudt (1808–1884) und seine Ehefrau Luise, geb. Köllner (1819–1907), geradezu ideale »Missionars-Heiratsvermittler« waren. Denn Staudt war zuvor elf Jahre lang als Repetent und dann als Lehrer am jungen Missionsseminar Basel gewesen. Er kannte fast alle der in den Einsatzgebieten der Basler Mission tätigen Missionare. Vor allem kannte er, der 1849 neben seinem Korntaler Pfarramt die Leitung des »Töchter-Institutes« zusammen mit seiner Frau übernommen hatte, eine große Anzahl von möglichen Missions-Bräuten. Er fand sie vornehmlich unter den vielen begabten, gesundheitlich belastbaren, opferbereiten, selbstlosen und frommen Schülerinnen der Korntaler Modell-Bildungsanstalt des »Töchter-Institutes«.

Staudt selbst führte mit seiner Frau eine glückliche Ehe. Einst war sie ihm auch so etwas wie »zugeteilt« worden. Denn eine vornehme Basler Dame hatte dem etwas schüchternen Staudt gesagt: »Die Luise Köllner ist für Sie!« Wie recht sie damit hatte! Staudt konnte sagen: »Fröhlichkeit und großartiges Hoffen hat sie in mein Leben gebracht!« Mit der Hilfe Gottes »zwei Rechte zusammenzubringen« und damit der Sache der Mission förderlich zu sein, das war seiner Frau und ihm eine geradezu »heilige Aufgabe«.

Wenn sich während meiner eigenen Studienzeit Tübinger Studenten über diese »frauenverachtende« Praxis der Bräutevermittlung empörten, konnte der Kirchenhistoriker Hanns Rückert zurechtrückend sagen: »Diese im Vertrauen auf Gott gestifteten Ehen waren mehr als bloße ›Vernunft-Ehen‹. Sie wurden auch im Normalfall glücklicher als viele Ehen, die heute im Taumel vermeintlicher Liebe geschlossen werden.«

Die erste »Korntaler« Missionsbraut

Am 13. November 1826 war Rosina Binder im 1819 gegründeten Korntal geboren worden. Ihr Vater, der Landwirt Leonhard Binder, hatte sich in dritter Ehe (seine beiden ersten Ehegattinnen waren jung verstorben) mit Maria Rosina Schüle aus einer Ur-Korntaler Kolonistenfamilie verheiratet. Aus diesem Anlass war auch er in die junge und damals bitterarme Siedler-Gemeinde gezogen. Dort wuchs »Binders Rösle« als Älteste eines großen Geschwisterkreises auf. Die Hochbegabte wurde in das Töchterinstitut Korntal aufgenommen, das damals noch unter der Leitung von Louise Kullen (1801–1860) stand. Bildungshunger und Liebe zur Bibel waren für Rosina Binder ebenso bezeichnend wie Verantwortungsbereitschaft und überzeugende Herzlichkeit. Sie war Pfarrer Staudt schon bald nach seinem Amtsantritt in Korntal aufgefallen.

Pfarrer Staudt dachte auch sofort an sie, als die Basler Comité einen Hilferuf an vertraute Freunde gerichtet hatte: Für den seit 1843 unter schwierigsten Bedingungen in Akropong an der Goldküste wirkenden Missionar Johann Georg Widmann ist ganz dringend eine Braut zu finden. Zwar ist Widmann erst drei Jahre zuvor ausgesandt worden. Aber die leidende Ehefrau von Andreas Riis, des Missions-Stationsleiters in Akropong, bedarf der Hilfe. Man möge doch Ausschau halten nach einer »Person kindlich einfältigen Glaubens, ruhigen Gemüts und nicht vollblütigen Körpers«. Zwischen den Zeilen des Basler Notrufes ist zu lesen: Bis dahin hatten sie einige Enttäuschungen erlebt. Eine ganze Reihe von benannten oder von »selbst ernannten« Heiratskandidatinnen hatte sich als ungeeignet erwiesen. So etwa hatte sich eine Ludwigsburger

Gastwirtstochter zwar als »fromm« erwiesen; sie schien auch »mit guter Gesundheit und mit den nötigen körperlichen und geistlichen Eigenschaften ausgerüstet«, war jedoch »an geringe Kost nicht gewöhnt«.

Umgehend ließ Pfarrer Staudt die Basler Freunde wissen: »Zwar wurzelt die fast zwanzigjährige Bauerntochter Rosina Binder noch nicht ganz tief im Frieden Gottes, hat auch ein noch kein ganz freies Herz, übrigens mit vielem Verstand und Bibelkenntnis begabt, hat die Neigung aufwärts zu streben, ist aber aufrichtig über ihren eigenen Zustand, versteht allerdings in Haushaltsgeschäften nur das gewöhnliche Kochen.«

Trotz der typisch schwäbischen Zurückhaltung in der ehrlichen Beurteilung von Rosina Binder durch Pfarrer Staudt war der dynamische Basler Missionsinspektor Dr. Wilhelm Hoffmann glücklich über das Signal. Er benutzte einen Besuch in Korntal bei seinem alten Vater dazu, auch »Binders Rösle« persönlich kennen zu lernen. Dabei wurde er davon überzeugt: »Das ist die Richtige für die Situation in Akropong!«

Denn mit der Missionsstation Akropong stand und fiel die unter so vielen Opfern begonnene Goldküstenmission. 1833 hatte Missionar Andreas Riis die Comité in Basel wissen lassen: »Nach dem Tod von sechs Brüdern stehen wir gerade wieder am gleichen Punkt, von welchem wir vor zwei Jahren mit dem Missionsversuch ausgegangen waren.« Riis selbst hatte überlebt. Die Kur eines afrikanischen Heilers, nämlich kalte Bäder, hatte ihn am Leben erhalten. Der robuste Riis war daraufhin vom fieberverseuchten Christiansborg ins Innere des Landes gezogen. Dort hatte er in gesünderem Klima, auf luftiger Höhe, die neue Station Akropong gegründet.

Die für diese Station »ideale« Mitarbeiterin Rosina Binder erschien dem Herrn Missionsinspektor auch für Johann Widmann die richtige Frau zu sein. Allerdings – und das legte er dringend den Pfarr-Eheleuten Staudt ans Herz – müsse sich Rosina Binder noch im Nähen und Kochen »verbessern«; weiter müsse sie sich Englisch-Kenntnisse aneignen. Dafür blieb jedoch nicht viel Gelegenheit; denn die Zeit drängte.

Vier Basler Absolventen waren damals schon seit Wochen eingesegnet und zur Goldküste abgeordnet. Sie waren dazu bestimmt, Rosina Binder in ihre Obhut zu nehmen. Denn damals schien es unverantwortlich zu sein, eine junge unverheiratete Frau wochenlang der Situation auf einem Schiff auszusetzen, ohne dass sie einen Beschützer hätte. Zwar führte auch dies, dass man eine Missionsbraut durch junge, auch unverheiratete Missionare begleiten ließ, zu Problemen; denn immer wieder kam es vor, dass sich die für einen unbekannten, in der Ferne wartenden Missionar bestimmte »Braut« während der lange sich hinziehenden Schiffsreise in einen der jugendlich-frischen und sympathischen »Beschützer« verliebte. Aber das schien dann weniger tragisch, als wenn die Missionsbraut ungeschützt den Annäherungen von Passagieren und von Seeleuten ausgesetzt gewesen wäre.

Kurz: Die vier Missionare drängten zur Abreise. So wurde die Korntaler Brüdergemeinde völlig ungewöhnlich an einem Wochentag zum Aussendungs-Gottesdienst in den Großen Saal eingeladen. Am Donnerstag, 17. September 1846, wurde Rosina Binder »eingesegnet zu dem wichtigen Beruf, dem Herrn in West-Afrika unter den armen Eingeborenen zu dienen«. So hat sie es selbst in ihrem sorgfältig geführten Tagebuch formuliert.

Der Saal war dicht gefüllt mit Korntaler Gemeindegliedern und mit Freunden und Verwandten von Rosina Binder. Pfarrer Staudt leitete den Gottesdienst. In seiner Ansprache machte er deutlich, dass es auch auf dem Missionsfeld zu »großen Nöten« kommen könne. In ihnen wolle sich aber Gott als »Zuversicht und Stärke« erweisen.

Danach bat er die Gemeinde, zusammen mit Rosina Binder niederzuknien. »Der liebe Herr Pfarrer Staudt hielt dann ein durchdringendes, herzliches Gebet, in dem er den Herrn namentlich auch um Vergebung aller meiner Sünden bat, damit ich nicht eine unvergebene Sünde in die Heidenwelt mitnehme.« Nach dem »Amen« sprach er Rosina zu: »Der Herr segnet dich!« Allerdings legte er ihr dazu nicht die Hand auf, wie das sonst bei Aussendungen von Missionaren üblich war. Denn einige der »Brüder« der Brüdergemeinde hatten eingewandt: »Der Apostel Paulus hat doch gemahnt, die Hände niemand zu bald aufzulegen. Müssen wir das nicht bei der noch nicht ganz Zwanzigjährigen beachten, die doch gar keine besondere Missionsausbildung hat?« Die so von ihrer Heimatgemeinde nach Afrika abgeordnete junge Missionsbraut vertraute jedoch ihrem Tagebuch an: »Des Herrn Hand war aber deshalb gewiss nicht verkürzt; und es machte mir – dem Herrn sei Dank! – nichts aus; denn ich glaube gewiss, dass ich deshalb nicht weniger gesegnet wurde.«

Schon am nächsten Morgen wurde aufgebrochen. Für Rosina war es ein Trost, dass der fromme Vater ihr zum Abschied segnend die Hand auf das Haupt legte.

Es ist Kirchenrat Professor Dr. Karl Rennstich, dem württembergischen Indonesienmissionar und Missionswissenschaftler, zu danken, dass er das geradezu minutiös geführte Reisetagebuch von Rosina Binder entdeckt und in dem von ihm herausgegebenen, aber heute leider vergriffenen Buch von Ruth A. Tucker *Bis an die Enden der Erde*[11] ausgewertet hat. Nur einiges von dem dort Berichteten sei zusammengefasst berichtet:

Die lange Wartezeit in London war beschwerlicher als die fünf Tage dauernde Reise mit Bahn und Rheinschiff samt dem im Sturm auf dem Kanal hin und her geworfenen Segelschiff. Rosina hatte bei einer englischen Gastfamilie so unter den Schikanen der Frau und unter den Anzüglichkeiten des Mannes zu leiden, dass die Missionsleitung diese Familie Young aus der Gastgeberliste strich. Rosina sollte in der Weltstadt Haartracht und Kleidung ändern; die Sprache war ihr ungewohnt. Zweifel kamen auf, ob denn Gott sie wirklich in fremden Ländern haben wollte. Zu Hause lag doch die Mutter so schwer krank. War es eine Flucht gewesen, als sie sich nach Afrika rufen ließ? Zu dem Heimweh und der beschwerlich langen Wartezeit auf das richtige Segelschiff nach Afrika kam die Angst: »Was kommt denn auf mich zu?« Denn aus den Briefen, welche aus Akropong kommend die mitreisenden Missionare in London erreichten, wurde deutlich: »Der mir zum Ehemann bestimmte Missionar Johann Widmann kennt noch nicht einmal meinen Namen!« Bei einer kurz vor der Entbindung stehenden Missionarsfrau wurde Rosina bewusst: »Wenn Gott mir einmal ein Kindlein schenkt, dann kann ich es nicht den gesundheitlichen Gefahren in Afrika aussetzen, sondern muss es weggeben nach Europa. Alles steht wie Berge vor meiner Seele. Ach, es entfällt mir aller Glaube und alle Freudigkeit!« Ermutigung fand Rosina in der deutsch-lutherischen Savoy-Gemeinde mit ihrem aus Württemberg stammenden Pfarrer Dr. Steinkopf und in Gebetsversammlungen der Herrnhuter Brüdergemeine.

Aufatmend hält Rosina im Tagebuch fest, dass sie endlich am 14. November 1846 einen so besonders herzlich gehaltenen Brief des für sie bestimmten Bräutigams erhalten hat.

Akropong; den 19. Juli 1846

Meine teuerste Rosina!

Mit innigem Dank gegen unseren Herrn und Heiland, der mein Gebet erhört, mich in Gnaden angesehen und mir in Dir, wie ich zuversichtlich glaube, eine fromme, treue und liebenswürdige Gehül-fin ausersehen hat, fange ich an diese Zeilen zu schreiben, obwohl ich nicht weiß, ob sie Dich noch in Europa antreffen werden, indes in den nächsten Tagen noch keine Gelegenheit gibt Briefe abzusenden. Die Ursache, warum ich Dir nicht schon bälder geschrieben habe, ist keine andere als diese, dass ich erst letzten Sonntag, den 12. Juli, nähere Nachricht über Dich erhielt.

So sei mir denn herzlich willkommen, meine Liebe, im Namen unseres Herrn und Heilandes, der uns berufen hat zu seinem Reich und zu seinem Dienst unter den armen Afrikanern …

Wir sind zwar dem Angesicht nach einander noch unbekannt, aber doch schon im Geiste verbunden und führt der Herr uns einander zu, was wir glauben dürfen. So wird alles recht und gut gehen.

Oh, ich wünsche, meine teure Rosina, dass Du die Unannehmlich-keiten einer so langen Seereise schon überstanden hättest! Und nun schon bei mir wärest. Aber ich muss Geduld lernen, was schon seit längerer Zeit meine Aufgabe war. Zur rechten Zeit und Stunde wirst Du dann doch kommen und mir gleichsam als ein Engel Gottes und als die größte Gabe Gottes auf dieser Welt, die innigste und größte

Freude bereiten. Ja, auch meine kleine Gemeinde und selbst viele von den Nichtchristen werden sich Deiner Ankunft freuen. – Nur möchte ich Dich bitten, Du möchtest Dir keine allzu großen Versprechungen machen und Erwartungen hegen, weder von mir selbst noch von unserer ganzen Sache hier.

Wie ich aus den letzten Briefen vernehme, so soll Eure Abreise von Basel im August oder September stattfinden. Ihr werdet aber freilich in London einige Zeit auf Gelegenheit warten müssen, so dass ich Dich mit den lb. Brüdern erst ganz am Ende dieses Jahres erwarten kann. Sollte ich unterdessen einen Brief von Dir, meiner innig geliebten Rosina, erhalten, so würde mich das mehr freuen als Gold und Silber. In London und für die Reise werden die l. Brüder sowie unser Agent Mr. Young für Dich Sorge tragen, was eine Beruhigung für mich ist. Euer Schiff wird ohne Zweifel zuerst in Cape Coast Anker werfen und sich einige Tage dort aufhalten. Da ich den Tag Eurer Ankunft in Uhen an der Küste zu voraus nicht wissen kann und Akropong etwa 12 Stunden von der Küste entfernt ist, so wirst Du mich nicht gleich bei Deiner Ankunft in Uhen sehen. Dagegen aber wird Bruder Schiedt sogleich einen Boten absenden und mir Nachricht geben, worauf ich dann im Augenblick abreisen und Dich abholen werde. Zugleich aber wirst Du einen zweiten Brief von mir dort finden. An der Küste sind die Häuser der Europäer und auch unser dortiges Missionshaus sehr bequem eingerichtet. Hier im Innern ist's noch nicht so, indem wir mit dem Bauen noch lange nicht fertig sind. Du wirst es aber dennoch hier in mancher Beziehung angenehmer finden als an der Küste. Ich wohne schon ein ganzes Jahr in dem Häuschen, das früher die Geschwister Riis bewohnten, ganz allein. …

Mein Geschäft hier, da ich für die ganze Ökonomie etc. ganz allein bin, ist so vielfältig, sodass ich selbst während ich diese Zeilen an Dich schreibe, alle Augenblicke unterbrochen werde und Dich daher bitten muss, so mit diesem vorliebzunehmen. Wenn Du einmal hier bist, so können wir uns einander mündlich mitteilen. Nehme unterdessen, meine teuerste Rosina, im Geiste Herz und Hand von dem, der Dich nächst dem Herrn über alles ersehnt und liebt. Wir leben

zwar hier unter Nichtchristen und in einem Land der Todesschat-
ten, aber ich hoffe, Du werdest es doch angenehm finden und ich
werde auf meiner Seite alles tun, was ich kann, um es Dir angenehm
zu machen.

Sollte Dich dieser Brief noch in London treffen, so möchte ich Dich
um Deiner selbst willen erinnern, wenn das nicht schon von Basel
aus geschehen ist, ein Stück Flanell, ein gutes Quantum Faden,
Nadeln und Knöpfe mitzubringen, denn wenn Du damit unseren
Schwestern hie und da ein kleines Geschenk machen kannst, so
wird es sehr gut angelegt sein. Flanell brauchen wir für uns selbst
etwas.

Die Seereise wird Dir vielleicht nicht sehr angenehm sein, wenn
Du viel seekrank werden solltest. Aber ich glaube, der Herr werde
Dir durch dieses alles glücklich hindurchhelfen. Bruder Riis meint,
ich solle nicht von der Unannehmlichkeit einer Seereise schreiben,
denn ihm sei die Seereise das Angenehmste gewesen. Er war aber
freilich nicht seekrank.

So sei nun, meine Liebe, der Gnade und Aufsicht unseres treuen
Gottes und Heilandes empfohlen und aufs herzlichste gegrüßet von
Deinem Dich innig liebenden und mit Sehnsucht auf Dich warten-
den Bräutigam

J. G. Widmann[12]

Schon fünf Tage nach Erhalt des Briefes konnte die kleine Missio-
narskarawane das Schiff in Gravesend besteigen. Noch in Mantel,
Schuhen und Kleidern musste sich Rosina seekrank auf das schmale
und harte Bett ihrer Kajüte werfen. Während der darauf folgenden
vier Wochen erholte sie sich nur langsam. Als jedoch am 15. Januar
1847 »Englisch-Accra« erreicht wurde, war die Korntaler Missionsbraut hellwach. Durch die unruhige See und durch die Brandung
kämpften sich zwei Boote dem auf der Reede ankernden Segelschiff
entgegen. »Wird in einem der Boote mein Bräutigam sein? Ich weiß
ja noch nicht einmal, wie er aussieht, ob er größer oder kleiner ist,
als ich bin.« Da überbringen die Bootsinsassen schließlich ein ihr

zugedachtes »Briefle«. Es machte klar: Der Bräutigam wollte die Braut im Missionshaus erwarten, um sie dort kennen zu lernen.

Rosina Binder berichtet: »Am Ufer begleitete uns ein ganzer Haufe von Schwarzen in das Missionshaus. Welche Gefühle mich dort und bei der Zusammenkunft mit meinem lieben Bräutigam mein Herz bewegten, kann meine Feder nicht beschreiben. So etwas muss erlebt sein! Noch ehe wir das Zimmer wieder verließen, in dem wir uns begrüßt hatten, fielen wir beide auf unsere Knie nieder und dankten dem Herrn, der uns so glücklich zusammengeführt hatte. Wir sahen uns nicht so an, als sähen wir uns zum ersten Mal. Denn der Herr, der unseren Bund geschlossen, was wir in Wahrheit glauben dürfen, verband so unsere Herzen in inniger Liebe, noch ehe wir uns richtig kannten. Ich bin mir selber ein Wunder!«

Als Missionarsfrau in Ghana

Schon am 19. Januar wurde aufgebrochen zum zweitägigen Fußmarsch nach Akropong. Dort fand am Nachmittag des 21. Januars die Trauung statt. Sie wurde in englischer Sprache gehalten und simultan in die Twi-Sprache übersetzt. Denn vor den Fenstern des Missionshauses wollten ganze Scharen von Afrikanern das Geschehen miterleben. Davon und von den ersten Eindrücken in Akropong berichtete Rosina Widmann, geb. Binder, erst beinahe zwei Jahre später.

Was sollte und was wollte sie auch berichten? Die Alltagsaufgaben nahmen sie völlig in Beschlag. Sie war gebeten worden, jeweils nachmittags eine Mädchenklasse von einheimischen Kindern zu unterrichten. An den Vormittagen – und meist dann, wenn Johann Widmann unterwegs war – kamen vertrauensvoll Frauen des Ortes, um Frau Rosina ihr Herz auszuschütten und ihr von häuslichen Sorgen und Problemen zu berichten.

Unerfreulich waren die in der Missionsstation selbst aufgetretenen Spannungen. Ausgelöst waren sie durch ehemals versklavt gewesene Christen aus Westindien. Sie, beziehungsweise ihre Vorfahren, waren einst in Afrika zu Hause gewesen. Von dort waren sie oft von den eigenen Häuptlingen und Königen an Sklavenhändler verkauft worden. Diese hatten sie dann in die Fieberhölle westindischer Plantagen verfrachten lassen. Zu ihrem Loskauf hatten besonders Christen aus England und aus den Nordstaaten von Amerika dann Geld gesammelt. Unter den Freigekauften war eine nicht geringe Zahl solcher Sklaven, die während ihrer Unterjochung zum Glauben an Jesus gefunden hatten. Viele von ihnen hatten dann zusammen mit anderen ehemaligen Sklaven in Sierra Leone und in Liberia eine neue Heimat gefunden.

Missionsinspektor Dr. Wilhelm Hoffmann hatte die Vision gehabt: Eigentlich müssen diese freigekauften Christen, die doch blutsmäßig Afrikaner sind, ihren Landesleuten den Christusglauben besser bezeugen und vorleben können als irgendwelche aus Europa kommenden Missionare.

Missionar Andreas Riis versuchte, diese Vision zu verwirklichen. Er hatte 1843 einige »westindische« Christenfamilien an die Goldküste (heute »Ghana«) bringen lassen. Die Ghanaer sahen jedoch diese Freigekauften als alles andere als »Landsleute« an. Schließlich gibt es auf dem Kontinent Afrika eine geradezu unübersehbare Fülle von Sprachen und Dialekten, von Stämmen und Nationen. Die ehemaligen Sklaven aber hatten ihrerseits genug von den »Weißen«. Mit ihnen hatten sie nur schlechte Erfahrungen gemacht. Aus diesem Grund wollten sie sich auch nicht einfach in das Team der Missionare eingliedern lassen. Die Missionare wiederum gerieten in Streit darüber, ob man diese »Westinder« liebevoll oder hart behandeln sollte. Ein besonders radikal denkender Missionar musste nach Hause geschickt werden. Dann kam es zu ersten Anfällen des meist tödlichen »Schwarzwasserfiebers«. Auch Rosina Widmann war davon betroffen. Vor allem wurde Johann Widmann, ihr Ehemann, schwer krank. Eigentlich musste alle Hoffnung für ihn aufgegeben werden.

Aber er durfte genesen, von seiner Frau hingebungsvoll gepflegt. Jedoch blieben ihm lebenslang regelmäßig wiederkehrende Fieberstürme und eine chronische schmerzende Augenentzündung.

Dem »teuflischen Erzfriedensstörer« zum Trotz hielt die tapfere Missionarsfrau Widmann ihren Unterricht durch. Sie erlebte die Freude, dass sich die Zahl der freiwillig teilnehmenden Schülerinnen vervielfachte. Frau Rosina Widmann litt jedoch unter der so genannten »Thompson'schen Katastrophe«. George Thompson, ein begabter Afrikaner, war in Basel zum Missionar ausgebildet worden. Als erster »einheimischer Pfarrer« war er so etwas wie ein Vorzeigeexemplar dafür gewesen, was die Mission erreichen kann und will. Tragischerweise erfuhr Rosina Widmann als Erste davon, dass dieser so hochgejubelte Geistliche Ehebruch begangen hatte – und sich dabei gleich an einigen »ihrer« Schulmädchen vergangen hatte.

Nach dreijährigem Warten auf ein eigenes Kind wurde Rosina Widmann zu Beginn des Jahres 1849 schwanger. Die ganze Zeit ihrer Schwangerschaft wurde überschattet durch Krankheits- und Todesfälle unter den Missionaren. Besonders gefordert war Frau Widmann durch die Begleitung der hochschwangeren und dabei immer schwachen und kranken Missionarsfrau Riis. Schließlich konnte Frau Riis das unter Schmerzen erwartete Kind gebären, bekam aber sofort danach eine eitrige Brustentzündung. Bei der Pflege der Freundin Riis infizierte sich Rosina Widmann. Von Fieberschüben gepeinigt brach sie zusammen. Zehn Tage lang war sie ohne jedes Bewusstsein. Als sie schließlich aus dem Koma aufwachte, musste sie sich zuerst wieder zurechtfinden. Ihren Mann kannte sie nicht mehr. Er musste ihr erst erzählen, wie sie beide einander gefunden hatten und weshalb sie nun in Afrika sei. Wie aus einer dunklen Nacht tauchten zuerst wieder Erinnerungen an Korntaler Jugendjahre auf. Korntal! Gewiss gab es auch in Korntal Reibungen unter »Brüdern«, es gab auch Krankheiten und Geldsorgen. Aber in Korntal wurde erfahren: »Unter Belastungen wächst der Glaube! Und es wächst auch Gnade!« Darum war es das tägliche Gebet von Frau Rosina Widmann, dass auch in Ghana erlebt werden könne: »Der Herr erniedrigt und er erhöht« (vgl. 1. Samuel 2,7). So hatte einst die Mutter des alttestamentlichen Propheten Samuel gebetet.

Der Herr erniedrigt und erhöht

»Samuel«, also »vom Herrn erbeten« (vgl. 1. Samuel 1,20), so nannten die Eheleute Widmann ihren so lange ersehnten, dann schließlich Ende 1849 zur Welt gekommenen Erstgeborenen. Dass Gott »erhöhen« kann, das erlebten sie mit dem Geschenk dieses Söhnleins. Dass Gott aber auch »erniedrigen« kann, das erlitten sie in jenen Tagen zusammen mit den Eheleuten Riis, denen damals ihr kleines, unter größten Schwierigkeiten geborenes Töchterlein wegstarb.

In den darauf folgenden Jahren erlebten die Eheleute Widmann, dass sich bei beiden die Gesundheit festigte. Dem Samuel folgten noch fünf Geschwister. Schmerzlich war es für die Eltern, dass sie ihren Ältesten, ihren geliebten Samuel, mit Rücksicht auf die bedrohte Gesundheit zu den Großeltern Binder nach Korntal geben mussten. Solches Weggebenmüssen hatte ja Rosina Binder schon als Missionsbraut gefürchtet. Es kam jedoch noch schmerzlicher. Die Eltern Binder in Korntal mussten im Januar 1854 dem Ehepaar Widmann die schreckliche Kunde mitteilen, dass der 5-jährige Samuel Johannes dem damals gerade in Korntal grassierenden Scharlachfieber erlegen war (ebenso wie der 8-jährige Sohn des schwedischen Missionars Fjellstedt, der 14-jährige Sohn des Indienmissionars Weitbrecht, das vier Wochen alte Büblein der Pfarrleute Staudt und das Geschwisterpaar Häberlin, Tochter und Sohn des Missionars Häberlin).

»Der Herr erniedrigt und erhöht!« Die Spannungen unter den Missionaren legten sich rascher, als das für möglich gehalten worden war. Dazu hatte beigetragen, dass die Missionsleitung den begabten, aber oft drastisch-derb auftretenden Pioniermissionar Riis abgezogen hatte. Er hatte keinen Widerspruch dulden können. Vor allem hatte er die einheimischen Christen erschreckend demütigend als »drittklassige Menschen« behandelt. Es war geradezu entschuldigend, dass Rosina Widmann damals konstatierte: Riis sei eben leider unter den großen Belastungen »sozusagen verwildert«.

Johann Widmann wurde immer mehr zu einem anerkannten Erforscher der in Ghana gebräuchlichen Twi-Sprache. Vor allem wurde er zu so etwas wie einem »geheimen Bischof« der Goldküstengemeinden. Die englischen Kolonialherren sahen es als *almost unbelievable* (geradezu unglaublich) an, dass *the Widmanns* so lange im ungesunden Klima arbeiten konnten. In den Augen der Basler Missionsleitung bestand aber darüber hinaus das Wunder darin, dass die Eheleute Widmann durch all die Jahrzehnte miteinander und einander ergänzend wirken konnten.

Als *the Widmanns* nach einem längeren Heimaturlaub im Januar 1869 noch einmal nach Ghana zurückkehrten, wurden sie von den dortigen Christen empfangen mit den Worten: »Ihr dürft gar nie mehr weggehen! Ihr müsst bei uns bleiben, bis ihr sterbt!« Noch ganze neun Jahre war den Widmanns geschenkt, miteinander Verantwortung für die Ausbreitung des Evangeliums zu tragen. Frau Rosina Widmann wurde »Mutter« der Gemeinden genannt. Ihr Mann bezeichnete sie liebevoll als »meine Diakonin« (dabei muss man wissen, dass noch in jenen Jahren in Württemberg der Begriff »Diakon« für den zweiten Pfarrer an einer Dekans-Kirche gebräuchlich war).

Im Jahr 1872 feierte das Ehepaar Widmann mitten in Afrika »Silberne Hochzeit« – ein in der großen Missionsfamilie Basels seltenes Fest. 1876 starb Johann Georg Widmann, der einst in Gniebel auf die Welt gekommen war. Frau Rosina ließ sich von ihrem jüngsten Sohn in das heimatliche Korntal begleiten. Dorthin zog es sie, nachdem sie ihren Mann hatte hergeben müssen. Es zog sie auch zu dem kleinen Gräblein ihres so früh verstorbenen Samuel.

In Korntal wurde Frau Rosina Widmann in der Nähe von Kindern und Enkeln 82 Jahre alt. Sie verstarb am 14. November 1908 und wurde in Heimaterde auf dem Neuen Friedhof bestattet. Wie Hanna, die Mutter des Propheten Samuel, hatte sie in einem langen Leben des Dienstes als glücklich gewordene Missionsbraut erfahren: »Der Herr macht arm und macht reich; er erniedrigt und erhöht. Die Unfruchtbare hat viele geboren. Der Herr wird behüten die Füße seiner Heiligen« (vgl. 1. Samuel 2,5.7.9).

Es sollte noch angemerkt sein: Leider wurde das noch lange Zeit bestehende Grab von Rosina Widmann im Jahr 1978 freigegeben und danach auch eingeebnet. Jedoch ist bis heute der Grabstein des

Vaters Leonhard Binder auf dem Alten Friedhof von Korntal erhalten. Mit gut lesbarer Inschrift findet er sich in unmittelbarer Nachbarschaft vom Grab des Pioniermissionars Johannes Rebmann. Es mag weiter erwähnenswert sein, dass auch Ernestine Binder, eine etwas jüngere Schwester von Rosina, eine »Missionarsbraut« wurde. Sie hatte sich gerne – und wohl auch durch das Vorbild ihrer älteren Schwester ermutigt – dafür gewinnen lassen, den aus Wilhelmsdorf stammenden Missionar Johann Adam Mader zu heiraten, der in Ghana an der Seite von Widmanns wirkte. Auch zwei Töchter aus dieser Missionars-Ehe Mader wurden in Ghana tätige Missionarsfrauen. Ganz so abschreckend, wie es heute oft empfunden wird, kann also der »Beruf« und die »Berufung« zur Missionarsfrau nicht gewesen sein!

Die Evangelische Brüdergemeinde Korntal und die Weltmission

Der große Saal der Brüdergemeinde Korntal
(Ende 19. Jahrhundert)

Was eine »wahrhaft christliche Gemeinde« ausmacht

Professor Dr. George W. Peters, der Gründer der Hochschule für Mission (der heutigen in Korntal beheimateten »Akademie für Weltmission«), stellte in seiner »Biblischen Theologie der Mission« fest: »Eine Gemeinde, welche die Vorrangigkeit der Mission nicht erkennt, bringt sich selbst um die innerste Gemeinschaft mit ihrem Herrn. Sie versäumt es, sich mit dem vorrangigen Zweck Gottes zu identifizieren. Sie raubt ihren Gliedern das tiefste Erleben des Heiligen Geistes. Und sie betrügt die Welt um die größten Segnungen, die Jesus in seiner Gnade bereitet hat. Eine solche Gemeinde hört auf, wahrlich christlich zu sein.«

Korntal wurde 1819 gegründet. Damals war der Gründer Gottlieb Wilhelm Hoffmann (1771–1846) auf eine solche »wahrlich christliche Gemeinde« aus. Zwar waren schon 1715 die Kirchengemeinden des protestantischen Herzogtums Württemberg durch Hofprediger Samuel Urlsperger aufgerufen worden, sich an einer landesweiten Kollekte für das »Missions- und Bekehrungswerk auf der Küste von Coromandel bey den Malabarischen Heyden in Ostindien« zu beteiligen. Aber erst hundert Jahre später wurde eine ganze evangelische Gemeinde in die Verantwortung für die Weltmission hineingezogen. Das war möglich geworden mit der Gründung der Evangelischen Brüdergemeinde Korntal.

»Der erste Missionär der Basler Mission«, so ist auf einem Grabstein drüben in Marbach/Neckar zu lesen. In altgotischen Fraktur-Schriftzügen ist es in roten Sandstein eingemeißelt (weil junge Menschen mit der Schrift nicht mehr vertraut sind, lesen sie manchmal: »Wilhelm Dürr, der erste Millionär der Basler Mission«!). Die Aussendung dieses in Basel ausgebildeten Pioniermissionars der englischen Kalkutta-Mission fand im gleichen Jahr statt wie die ungewöhnliche Gründung der »Privilegierten politischen und kirchlichen Gemeinde Korntal«. Beides geschah 1819. Hinter beiden Ereignissen stand der außerordentlich begabte und tatkräftige Leonberger Amtsbürgermeister Gottlieb Wilhelm Hoffmann, der spätere erste Vorsteher der

Korntaler Brüdergemeinde. Er hatte den Missionsunterstützungs-
verein Leonberg gegründet, den ersten in ganz Württemberg. Ohne
Hoffmann wäre aber erst recht Korntal nicht zu dem geworden, was
es ist:

— das württembergische Impulszentrum für Gemeinde, für Diakonie, für evangelische Pädagogik;
— die bergende Heimat für eine ganze Serie von *parachurch agencies*
   (freien Werken);
— die mitten in der Landeskirche aufgerichtete Mahnsäule dafür,
   was nach biblischem Verständnis »Gemeinde« ist.

Weil »Gemeinde des Weltenherrn Christus Jesus« und weltmissionarische Ausrichtung Synonyme sind, darum wurden auch »Korntal« und die »evangelische Weltmission« Synonyme. Daran erinnern
viele der Missionarsgräber, über denen sich – geradezu als Programm
und als Krönung – die Akademie für Weltmission erhebt.

Die Gebäude der »Akademie für Weltmission« in Korntal.

Daran erinnert aber auch das Buch »Korntal – einst und jetzt«, verfasst vom ehemaligen Indienmissionar Johannes Hesse, dem Vater des Dichters Hermann Hesse. Dieser edle Mann war als Verantwortlicher des Calwer Missions-Medien-Trusts ein Missionsschriftsteller von hohen Graden. Das letzte Werk des Missionsmannes Hesse jedoch war eine Beschreibung der Brüdergemeinde Korntal, in der er als Greis leben und auf deren Gottesacker er bestattet sein wollte.

Das hat Korntal »investiert«

Gottlieb Wilhelm Hoffmann waren »Arme« jeglicher Art auf die Seele gelegt. Zuerst wurde das Rittergut Korntal auf Kredit gekauft, damit die arme, damals in Württemberg glaubensmäßig unterernährte Herde des Christus Jesus »nicht mehr aus Pfützen trinken« müsste, sondern »frisches Wasser bekommen« könnte.

Aber Hoffmanns Fürsorge galt nicht nur der »armen verstörten Herde«, sondern auch den »armen Jugendlichen«. Und zwar sowohl den Horden von bettelnden, unversorgten Straßenkindern als auch den schwierigen Kindern aus reichen Häusern. Für die einen wurde das Rettungs- und Armenhaus gebaut und eingerichtet, für die anderen wurde das Knabeninstitut ins Leben gerufen.

Investitionen waren nötig für die Heimstätte für verarmte Witwen, für das erste Krankenhäuslein und für den Anfang eines Altenasyls. Es ist unmöglich, all die Arten armer und hilfsbedürftiger Menschen zu nennen, für die Hoffmann aus der eigenen Gemeinde Kollekten erbat, für die er Darlehen aufnahm, für die er im ganzen Land bettelte, damit er die ihm nötig scheinenden Investitionen tätigen konnte. Um seine Rettungspläne für »Arme« zu verwirklichen, waren schon finanziell unvorstellbar große Investitionen nötig. Vermutlich war es nur Hoffmann allein, der das ganze Ausmaß geistlicher und finanzieller Verantwortung überblickte. Ohne die wiederholten hilfreichen Finanzspritzen des schwäbischen Pietismus wäre Korntal ins wirtschaftliche Fiasko geschlittert. Vor allem die Michael-Hahn'schen-Gemeinschaften waren es, die in aller Stille finanziell halfen. Die

Altpietistischen Gemeinschaften unterstützten die Korntaler Werke vor allem mit Naturalgaben.

Aber die entscheidende Investition Hoffmanns galt der Weltmission. Wie seinen Herrn Jesus Christus jammerten auch Hoffmann die Menschen, die in anderen Kontinenten und Kulturen wie Schafe ohne Hirten waren. Das durch ihn geprägte Korntal wurde dann zur Inkassostelle für Missionsopfer aus dem ganzen Land. In Korntal liefen die Fäden der Information aus den Missionsstationen aller Kontinente zusammen. Dr. Wilhelm Hoffmann (1806–1873), der Sohn des Korntalgründers, wurde genialer Missionsinspektor (heute würde man ihn Direktor nennen) der Basler Mission. Für heimkehrende Missionarsfamilien und für erholungsbedürftige Missionsmitarbeiter wurde ein Missionarshaus bereitgestellt. Der jahrzehntelang in Korntal tätige Pfarrer Staudt (1808–1884), ein ehemaliger Lehrer am Basler Missionshaus, wurde zum Experten in der Suche und Vermittlung von erbetenen Missionarsbräuten. Das neu ins Leben gerufene Korntaler Töchterinstitut wurde zu einem Reservoir für mögliche Missionarsbräute. Missionarskinder wurden lieber nach Korntal ins Knabeninstitut gegeben als in das etwas kasernenartig betriebene Basler Missionskinderhaus. Als Christian Friedrich Spittler (1772–1867), der Basler Missionspionier, Gelder für seine Jerusalem- und Palästina-Arbeit benötigte, da baute er auf die Hilfe der Korntaler Brüdergemeinde und auf Einkünfte durch die »Jerusalemskutsche«. Es wurde von Korntal investiert in die Anfänge der Judenmission und in die geistliche Betreuung der deutschen Kolonistengemeinden in Südrussland.

Das alles macht auch verständlich, warum so manche der großen Missionspioniere in Korntaler Boden ihre letzte irdische Ruhestätte finden wollten. Es war nahe liegend, dass Dr. Karl Hartenstein, der ehemalige Basler Missionsdirektor und nachmalige Stuttgarter Prälat, in Korntal Zuflucht suchte, nachdem seine Stuttgarter Wohnung durch Luftangriffe im Krieg zerstört worden war. In Korntal wurde 1951 die Deutsche Missions-Gemeinschaft (DMG) gegründet. Der Missionsbund »Licht im Osten« fand in Korntal eine neue Heimat, nachdem das ursprüngliche Zentrum Wernigerode aufgegeben werden musste. Eine beachtliche Riege von bewährten Missionaren – von Gustav Ritter bis Hermann Palm – wollte ihren Ruhestand in Korntal verleben. Der in China im Leiden bewährte Missionar Maurer war in schweren Jahren der Kriegs- und der Nachkriegszeit treuer Pfarrer der Brüdergemeinde.

Was Korntal von dem allem hatte

Für mich als Neu-Korntaler ist es eine Offenbarung, wie viele Missionen, Missionare und Missionsfamilien bis heute in aller Stille von der doch überschaubar großen Brüdergemeinde mitgetragen werden und wie viele junge Glieder der Brüdergemeinde sich immer wieder zu Kurzzeiteinsätzen in alle Welt entsenden lassen. So etwas habe ich gar nicht für möglich gehalten. Aber aus Tradition wissen die Mitglieder der Brüdergemeinde, dass es vielfältige Rückwirkungen ihres Einsatzes gibt.

Da ist zuerst einmal der *geweitete Welthorizont*. Als der durchschnittliche deutsche Bürger noch kaum wusste, wo Vorderindien auf einem Globus zu suchen ist, da wusste man in Korntal, was die Nilgiris sind und wo Mangalore liegt. Darüber hinaus wusste man in Korntal, welche Sprachen- und Kastenprobleme beim Kontakt mit dortigen Indern zu berücksichtigen sind. In Korntal war der Boden aufgebrochen dafür, dass weitere Detailinformationen einsickern konnten – ob sie nun vom langjährigen Gemeindepfarrer Maurer kamen, der in China monatelang in kommunistischer Gefangenschaft hatte schmachten müssen, oder ob »Licht im Osten« deutlich machte, was die Probleme der Osseten im Nordkaukasus sind.

Bereichernd kam dazu, dass bei dieser Horizontweitung niemand Zuschauer bleiben musste (wie das heute meist bei aller Horizontweitung durchs Fernsehen üblich ist). Vielmehr war echtes *Anteilnehmen* möglich. Man konnte sich als Christ beteiligen an den Aufgaben der Weltmission durch Anteilnehmen (wie viele Briefe wurden einst geschrieben, wie viele Fax-Meldungen und E-Mails gehen heute hin und her!), durch Opfer und durch intensive Fürbitte. Man konnte mitgestalten und mitwirken. Wie hundert Jahre zuvor in Herrnhut ist auch in Korntal bis zum heutigen Tag die Fürbitte für die weltmissionarische Arbeit zum Kristallisationspunkt geworden und hat zur Intensivierung des gemeinsamen gemeindlichen Gebets geführt (der jährliche Missionssonntag der Gemeinde unterstützt dies alles).

Der harte Kern der Korntaler Brüdergemeinde nahm von Anfang an am Wirken der mit Korntal verbundenen Missionare und Missionarsehefrauen intensiv Anteil. Die von Übersee gekommenen Briefe wurden weit über den engen Kreis der Angehörigen hinaus gelesen. Sie waren ja für Menschen des 19. Jahrhunderts voll von *Aha-Erlebnissen*«: Dass es so etwas wie »Bekehrung« von scheinbar unzivilisierten Menschen gab! (Dieses Staunen war doch etwa für Theodor Fontane der Anlass dafür, den Bericht von der Bekehrung des Inuit-Häuptlings Kajarnak ungekürzt in seinen Roman »Vor dem Sturm« aufzunehmen.) Und dass ein Großteil der indischen Bevölkerung nicht unzivilisiert, sondern hoch gebildet war! Und dass ein klein wenig Götzenkritik und Götzenspott nicht genügt, um die Großmacht des synkretistischen Heidentums ins Wanken zu bringen. Und dass mit einer ersten »Bekehrung« noch keineswegs das geistliche Ziel erreicht ist, sondern dass die eigentlichen Schwierigkeiten und Bewährungen erst *nach* der Wende kommen. Es waren die Erfahrungen der Mission, die dazu beitrugen, das im 19. Jahrhundert so steil verklärte Ideal von »Bekehrung« nüchterner zu sehen. Zu den schmerzlichen, aber notwendigen »Aha-Erlebnissen« gehörte es, wenn ernsthaft gläubige Gemeindeglieder von Missionsgesellschaften wegen mangelnder Belastbarkeit nicht für die Ausbildung zum Missionsdienst angenommen wurden. Man konnte daraus lernen, dass auch in der Gemeinde des Christus es nicht genügt, etwas Gutes zu *wollen*. Berufungen zu bestimmten Aufgaben können nur ausgesprochen werden, wenn auch die entsprechenden Gaben vorhanden sind.

Der Korntaler Gemeindepfarrer Heinrich Staudt war gerade als Missionsmann *allem geistlich Drängenden abhold*, allem auf Effekt und Attraktion Bedachten, allem stark Gefühligen. Als Missionsmann wusste er, dass es tiefe religiöse Gefühle sogar in solchen Religionen gibt, die Jesus die Ehre rauben. Staudt war davon überzeugt, dass eine erste Bekehrungsbegeisterung nicht genügt, um im Christ sein durchzuhalten. Das war der Grund dafür, dass er die damals grassierende Begeisterung um die Heiligungsbewegung des Amerikaners Pearsall Smith aus Korntal hinausdrängte. Schon damals gab es – genau wie an vielen Stellen des Missionsfeldes – auch in Korntal mit der zweiten und dritten Generation der Gemeindeglieder geistliche und gemeindliche Schwierigkeiten. Aber diese – so hatte Staudt aus Missionserfahrungen gelernt – können nicht durch immer neue emotionale Schübe überwunden werden, sondern allein durch treue seelsorgerliche, dem Einzelnen nachgehende Betreuung und durch intensive biblische Vertiefung. In Zeiten gemeindlicher Ermüdung und scheinbaren Stillstandes ist es schon ein Sieg des Geistes Gottes, wenn die Gottesdienstgemeinde und die gemeindliche Mitarbeit erhalten bleiben.

Zwar konnte zu allen Zeiten die Mission – und das gilt für alle Kontinente – berichten von erfolgreicher Schularbeit, vom Auf- und Ausbau von Lehrwerkstätten und handwerklichen Produktionsstätten bis hin zu Druckereien, Webereien, Kakaoplantagen und Ziegeleien, natürlich auch vom Auf- und Ausbau von Hebammenstationen und Krankenhäusern. Dabei ist viel Segensreiches geleistet worden. Aber daneben gab es eben auch – etwa seit der zweiten Generation der Tranquebar-Arbeit von Ziegenbalg – ein Versanden der eigentlichen zum Glauben an Jesus rufenden Heidenmission. Die gut gemeinte sozialdiakonische Arbeit hatte die Mission verdrängt. Ein *ausgewogenes Miteinander von Verkündigung und Sozialarbeit ist in Wirklichkeit nur schwer möglich.* Denn sozialdiakonisches Wirken verlangt qualifizierte Mitarbeiter. Aber nicht alle benötigten Fachleute sind auch automatisch für den Glauben brennende Christen. Was so auf dem Missionsfeld als Problem erkannt wurde, beschäftigt als Rückwirkung die Verantwortlichen der heutigen Brüdergemeinde Korntal ständig auch im Blick auf die gemeindeeigenen Aufgaben zu Hause.

»Die Güte des Herrn ist's, dass wir nicht gar aus sind.« Das war es, was der stets so schwer kranke Korntaler Indienmissionar Friedrich

Traub immer wieder die Seinen in der Heimat wissen ließ. »Nicht ganz aus!« *Das Rechnen mit großen Erfolgserlebnissen muss man sich im harten Missionsalltag verbieten.* Es war nötig, die Heimatgemeinde darauf vorzubereiten, dass sie vom Missionar nicht ständig Siegesmeldungen erwarten darf. Es war die geistliche Erfahrung der Mission, die auf die Heimatgemeinde zurückwirkte, dass man *geistlich krank und undankbar wird, wenn man sich selbst ständig unter einen Erfolgsdruck setzt.* Schon Jesus Christus, der so unendlich viel in die Seinen investiert hat, war von der Frage bewegt: »Wird der Menschensohn, wenn er kommen wird, Glauben finden auf Erden?« Ein paar Glaubende, seine »kleine Herde«, das war es, was Jesus als Frucht seines Wirkens ersehnte. Für sie mehr als dankbar zu sein, das lehrt bis heute alles gemeindliche Anteilnehmen am Werk der Mission.

Quellennachweise

Trotz intensiver Nachforschungen konnten leider nicht alle Rechte-
inhaber ermittelt werden. Der Verlag dankt für Hinweise.

Bildnachweise

Soweit nicht anders angegeben für die Illustrationen:
© Archiv der Evangelischen Brüdergemeinde Korntal
S. 93 (Isenberg), S. 148 (Widmann): © Archiv mission 21/Basler
Mission.

Anmerkungen

1 Jochen Eber, *Johann Ludwig Krapf. Ein schwäbischer Pionier in Ostafrika*, Riehen: arteMedia/Lahr: Johannis, 2006.

2 Gießen/Basel: Brunnen Verlag, 1922.

3 Von ihren Erfahrungen berichtete Pauline Flad in der Missionsschrift *Eine braune Perle, Erinnerungen aus dem Missionsleben in Abessinien*, Neukirchen: Stursberg, 1908.

4 Vater Johannes Hesse hatte mit seinen Kindern und für sie schon früher viele Spiele erfunden; hier ist aucssh die Assoziation zu finden zu Hermann Hesses großem Roman *Das Glasperlenspiel*.

5 Hermann Hesse, *Zum Gedächtnis unseres Vaters*, Tübingen 1916; aktuelle Ausgabe: Ders., *Sämtliche Werke in 20 Bänden*, © Suhrkamp Verlag Frankfurt am Main 2001–2005.

6 Thaddäus Troll, *Deutschland, deine Schwaben. Vordergründig und hinterrücks betrachtet*, Hamburg: Hoffmann und Campe, 1967, S. 67.

7 Hermann Hesse, *Gesammelte Briefe*, Band 3, Frankfurt: Suhrkamp, 1982.

8 Hermann Hesse, *Zum Gedächtnis unseres Vaters*, Tübingen 1916; aktuelle Ausgabe: a. a. O.

9 Nachwort zu Hesse, *Zum Gedächtnis*; aktuelle Ausgabe: a. a. O.

10 Unter dem Titel *Eine Deutsche im Osten*.

11 Metzingen: Ernst Franz Verlag, 1996.

12 Dieser Text ist eine gekürzte und sprachlich leicht überarbeitete Version des Original-Brautbriefes.